U0096884

中國倫理思想研究文叢

三 編

王 澤 應 主編

第 11 冊

當代中國倫理道德的求索：魏英敏文集
（第三冊）

魏 英 敏 著

花木蘭文化出版社

國家圖書館出版品預行編目資料

當代中國倫理道德的求索：魏英敏文集（第三冊）／魏英敏 著
— 初版 — 新北市：花木蘭文化出版社，2015〔民 104〕
目 8+184 面；19×26 公分
（中國倫理思想研究文叢 三編：第 11 冊）
ISBN 978-986-404-240-1（精裝）
1. 魏英敏 2. 學術思想 3. 倫理學
190.9208   104012134

ISBN- 978-986-404-240-1

9 789864 042401

中國倫理思想研究文叢
三　編　第十一冊   ISBN：978-986-404-240-1

當代中國倫理道德的求索：魏英敏文集（第三冊）

作　　者　魏英敏
主　　編　王澤應
總 編 輯　杜潔祥
副總編輯　楊嘉樂
編　　輯　許郁翎
出　　版　花木蘭文化出版社
負 責 人　高小娟
聯絡地址　新北市中和區中安街七二號十三樓
　　　　　電話：02-2923-1455／傳真：02-2923-1452
網　　址　http://www.huamulan.tw 信箱 hml810518@gmail.com
印　　刷　普羅文化出版廣告事業
初　　版　2015 年 9 月
全書字數　676626 字
定　　價　三編 12 冊（精裝）新台幣 22,000 元
版權所有・請勿翻印

當代中國倫理道德的求索：魏英敏文集
（第三冊）

魏英敏　著

目

次

上篇：博雅塔下的手跡

忤　逆

　　忘記父母養育之恩者為忤逆。當前中國，父母養兒越多，到頭來養父母者越少。忤逆者，實在不鮮見。人們不禁要問，是養不起嗎？否！不是養不起，而是攀比，您不想養，我也不養。

　　人們太自私了。不想養，還不算。更有甚者，盼父母早點死。心裏常常想，怎麼還不死呢？

　　兒子不養父母也已見怪不怪了，可是有一種現象卻值得重視，這就是女兒養父母。君不見，老人帶著孩子玩耍、散步，您去問一問，他或者她是您什麼人？回答多半是外孫子或外孫女兒。女兒養老非常普遍。

　　我知道，那些無數「打工妹」，她們在外賺點錢是何等的不易，卻總想到給在鄉下的父母買點好吃的、好穿的，寄點錢回家。

　　這是歷史的進步。從前女兒出嫁了，不可能管娘家母親的事，如今不同了，這不是歷史的進步嗎？

　　但兒子不養父母，絕不是進步，而是倒退。

2014 年 7 月 16 日

子不嫌母醜，狗不嫌家貧

「子不嫌母醜，狗不嫌家貧」，這是婦孺皆知的一句古話。

子為什麼不嫌母醜？因為子是吃母親的奶長大的，母親給他以生命，並把他拉扯成人。

母親的養育之恩，兒女終身難以報答。

至於母親是醜還是俊，這與兒子無關，是父親的選擇，父親的認定。

我活了80歲，從沒聽說兒子嫌母醜這種事情。近日看電視得知，南方某一城市，一位上了年紀的母親，擔著三個口袋，裏面有一筐雞蛋，還有棗之類的食品，還有小嬰兒穿的衣服、鞋、襪子，是她親手縫製的，準備帶兒子的新生小女兒。可是兒子不見面。為什麼不見面？報導說，兒子嫌母醜，母親只好流著眼淚，擔著擔子回老家。據說他的父親，事先料到這一點，勸阻兒子的母親不要去見他們。因為兒子自考上大學之後就不再回家，娶了媳婦也不告知父母。

奇聞！人間少有的奇聞！「子不嫌母醜，狗不嫌家貧」。我兒時在農村，鄉下的老人常說這話，從沒聽說過哪家的兒子嫌母醜，哪家的狗嫌家貧而逃走的。家裏再窮，哪怕吃不上，喝不上，狗也不逃走。狗不逃走，狗不肯跳槽，忠實於主人。這是狗的良好的品質。可是人不同。為主人服務的人，有的叛逆主人。可見，有些人還不如狗。

過去罵人有一句話，某某是一條忠實的走狗，意思是他效忠於主人。忠實的品質是好的，值得提倡。就此而言，人要向狗學習。

農民願意養雞、養鴨、養狗，不願意養鵝。為什麼？因為鵝「嫌貧愛富」。家裏窮了，吃不上，喝不上，鵝就逃走了，另找主人。

現在可倒好，「嫌貧愛富」，背叛原主人、原單位的人多的是。他們不受譴責，反倒受表揚！好樣的！有本事！

到底是世移事易啊！「舊黃曆」看不到了，是非顛倒了！

老腦筋吃不開了！

2014 年 7 月 16 日

上下交征利國必危矣現代解讀

孟子梁惠王章，這是一章頗有深遠意義的一文，流傳千古而不朽。本章的主旨，是企圖用仁義克服爭權奪利的禍根。

文章曰：「孟子見梁惠王，王曰：『叟不遠千里而來，亦將有以利吾國乎？』

孟子對曰：『王何必曰利？亦有仁義而已矣！』王曰：『何以利吾國？』大夫曰：何以利吾家？士遮人曰：何以利吾身？上下交征利而國危矣！」

據史料記載，周顯三十五年梁惠王招天下賢士，研討治理國家大事，孟子應招前往大梁。

梁惠王見到孟子，非常高興，披頭就問：您這位老先生，不遠千里迢迢到我國來，也許有什麼妙計，能使我國有利吧！

孟子回答說：大王何必只說有利呢？依臣子愚見，當此天下戰爭頻繁，民不聊生之際，還是先談談如何用仁義挽救天下的浩劫吧！假如大王說，要怎樣使我國有利，大夫說，要怎樣才有利於我的封地，士人和老百姓說，要怎樣使我本身有利！像這樣從上到下，都相互爭奪權利，爭奪物質利益，國家就危險了啊！

孟子講這話的意思，很明確，對於統治者來說，統治國家、管理社會，只講權利或者只講利益不行，還得講義、講正義，要以義御利，或義以爲上，先義而後利。否則從上到下大小官吏，都去追求利益，社會就亂了，國家政權就處於危機之中。爲什麼？

因爲沒有義，國家、社會就像一匹失去了靈魂、脫了繮繩的野馬，不知會跑向哪裏！孟子的話，有眞理性，好像針對我們國家現狀講的。

今日的中國「上下交征利」，無以復加，錢，錢，為了錢而不擇手段，從官員到百姓莫不如此，因而造成種種危機。危害到國家政權的穩定，破壞了社會的和諧，造成廣大群眾與政府官員的對立，造成人們相互之間的衝突與摩擦。

人們不滿情緒，日甚一日。

當今中國社會的危機，表現多方面到達非常危險的程度。首先，是大大小小的官員，都在追逐利益。公權私用，權力變質、以權謀私。甚至貪污受賄。無處不在，無時不有。

這樣權力就失去了公信力，群眾認為政府權力不為民所用。完全背離了胡錦濤總書記所說：「情為民所繫，權為民所用，利為民所謀」。現在反是「情為我所繫，權為我所用，利為我所謀」。故此，老百姓不相信政府，不信任官員，這不是嚴重的權力危機嗎？

其次，從上到下，許多官員私心擴張，私利膨脹，貪贓枉法，貪污受賄，官階之高，數量之大，人數之多，令人驚詫不已。

上至全國人大副委員長、最高法院副院長，省委市委書記，副書記、紀委書記，貪污受賄，竟敢冒天下之大不諱，為老闆謀取私利，從而自己從中得利，無疑的這是官商勾結，私分國家財產，盜竊國庫，收刮民脂民膏。

他們貪污受賄，不是數百萬，數千萬，而是上億，一個億乃至數個億。

請問中國歷史上，哪朝哪代的貪官有這麼大的膽子呢？恐怕沒有，就是有也極罕見。恐怕清代乾隆時期，何珅算一個，僅此而已。

現在貪污受賄，多是一窩，一夥一幫，由點到線到面。結成網，連成片。在這個片裏，在這個網上生活工作的幹部，就是一個好人，也得變壞，否則無法立足，「上有好者，下必有甚馬」下面基層幹部，貪污受賄就更多了，可以說，幾乎沒不貪污的幹部，問題是貪多貪少。

第三，為了私利，不顧黨紀、國法。黨紀、國法，形同虛設，他們可以不執行國家的法律、政策，政府的命令。不執行黨章、黨紀，我行我素。只要對我有利，對我這個單位有利，對我這個組織有利，就什麼事情都敢做。這叫有令不行，有禁不止。正是所謂黨紀，國法危機，社會秩序危機。

黨與政府三令五申，關閉小煤窯怎麼關閉不了呢？因為有地方政府的利益，有地方官員在入股，這種「利益聯盟」力量大得很，撼不動。

還有保護基本農田，保護得非常吃力，地方政府動輒就徵用，找個藉口，

就佔地開發，老百姓奈何不得。

總之，「上下交征利，國必危矣！」

這個「危矣」的意義有三，一是危機，二是危害，三是危險。所謂危機，上下交征利，從官員到百姓，利欲薰心，見利忘義，「寸土必爭」，「寸利必奪」，勢必出現道德危機。

所謂危害，上下交征利，政府機關，政府官員從上到下，人人「都向錢看」，金錢開路，勢必危害政務的公正性，貪污受賄不可避免，危害政府及官員的廉潔奉公。制定政策法律，執行政策，法律都從我的利益出發。勢必脫離民眾。觸怒群眾。

所謂危險，上下交征利，壞了黨風，壞了政風，壞了社會風氣。政府官員與民爭利，巧取豪奪民生之利，日久天長，失去了人心。「得民心者得天下」，「失民心者失天下」啊！這樣的古訓，不該忘記。

交通職業道德與文明禮儀講座

　　當前社會道德狀況不是光明燦爛，也不是漆黑一片，而是進步的道德與守舊的道德、先進的道德與落後的道德、生長的道德與衰亡的道德同時並存，甚至交織在一起。如今人們的價值觀多元化，對道德的選擇也是多元化的。人們生活中呈現光怪陸離的道德現象，這是不奇怪的。但許多人不理解，甚至無所措手足。

　　我們該怎麼辦呢？

　　要保持清醒的頭腦，樹立一個觀念：道德總的趨勢是進步的，道德的進步是在善惡矛盾中前進的。

　　我們要分辨真的、善的、美的、假的、惡的、醜的，站在真、善、美的一邊，鞭笞假、惡、醜，消除假、惡、醜，從我做起，從現在做起。

一、道德是什麼？人為什麼要有道德？

（一）何謂道德？

　　古人云：「無乎不在之謂道，自其所得之謂得。道者，人之所共由，德者，人之所自得也。」

　　也就是說，道是一種本體，是一種規律，存在於萬事萬物之中，各種事物都有一定的道。道德對人來說，道是人共同遵守的準則，人心裏得到了這個準則，或者掌握了這個準則，就是德。道、德相通，得到了道，即為德。

　　可見，所謂道德，一方面是指人們的一種社會性行為準則，另一方面又是人們的一種心理或內在品質。道德準則內化為道德品質，道德品質外化為道德準則。換言之，道德既是社會群體的行為準則，又是個體的心理素養，前者可稱為社會道德，即公德，後者可稱為個體道德，即私德。

　　公德，包括婚姻、家庭道德、職業道德、公共環境道德。私德即個人品質或情操。

　　平時所說的社會公德，即爲公共生活中的道德，多指公共環境或公共場所中的道德，有時指私德之外的所有道德。此外，還有一個公德概念，確切地應當稱爲國民公德。所謂國民公德，是指每一個國民應恪守不渝的道德，它涵蓋私德與公德所有的方面，是人們公共生活、私人生活的指導方針或倫理準則。這才是道德建設的根本。加強精神文明建設、提高國民道德素質，其關鍵就在於此。

　　國民公德是社會主義社會中眞正具有導向意義的價值，它存在於各種道德規範之中，並統攝諸種道德，它是道德一般。

（二）人為什麼要有道德？

　　簡言之，人起源於動物，人又區別於動物。以什麼區別呢？這就是道德。所以，有沒有道德，這是人與動物的分界線。

　　荀子說：「水火有氣而無生，草木有生而無知，禽獸有知而無義，人有氣有生有知，亦且有義，故最爲天下貴也。」

　　人爲什麼要有道德？

　　第一，人之所以是人就是因爲人有道德，道德是人的本質特徵，道德是人與動物的分水嶺。沒有道德，人就不是人了。誠如孔子所言：「不學禮，無以立。」不學禮，在社會上就無立足之地。

　　第二，人是社會動物，人過的社會生活，如生產、交換、消費、相互往來，都要有規則。法律與道德即是社會規則。還有藝術、宗教信仰等，都是社會規則。沒有規則，社會就不成其爲社會。

　　第三，人是有思想、有意識、有理性的動物。人發明勞動工具並使用工具，從而創造了社會的物質財富和精神財富。精神財富，主要是社會的文化與文明，以及人自身的素質。

　　人要在社會生活中過得愉快、幸福，就要不斷提高自己的精神文化素質，提高自己的道德水平。

　　一句話，人們有道德，才能夠生活得好。

二、大力弘揚中華民族傳統的職業道德

　　職業道德是在職業生活中形成的調節從業人員與社會大眾之間關係或從

業人員內部相互關係的行為準則。各行各業都有自己的職業道德。職業道德具有職業或行業特徵,離開職業行為,職業道德就無從談起。

職業道德很具體,很明瞭,很具有可操作性。如官德:「清正廉潔,秉公執法」;商德:「買賣公平,誠信無欺」;師德:「學而不厭,誨人不倦」;醫德:「救死扶傷,珍惜生命」,等等。這些都是各種職業道德的核心內容。

中國古代諸子百家都很重視職業道德。孔子說過:「居處恭,執事敬,與人忠。」春秋時期的管子認為,士、農、工、商都要以「誠」、「信」為本。他說:「非誠賈不得食於賈,非誠工不得食於工,非誠農不得食於農,非信士不得立於朝。」這就是說,不是誠實的商人,不要去經商謀生,其它農、工、士也是如此。

北宋哲學家周敦頤也說過,「誠,五常之本,百行之源也。」南宋的朱熹說:「凡人所以立身行己,應事接物,莫大乎誠敬。誠者何?不自欺不妄之謂也;敬者何?不怠慢不放蕩之謂也。」

從孔子到朱熹所說的「執事敬」與「立身行己,應事接物,莫大乎誠敬」,都告誡人們對自己所做的事情、所從事的職業要誠且敬,絲毫不要懈怠,要誠實守信,嚴肅認真,兢兢業業,充滿「敬業」、「勤業」、「樂業」的精神。「敬業」、「勤業」、「樂業」是貫穿於傳統社會中各種職業道德中的一般性要求,即職業道德一般,或職業道德的普遍要求。

所謂「敬業」,就是敬重自己所從事的職業,對工作盡心盡職,克己盡責,忠於職守,奉公守法。

所謂「勤業」,就是勤勞作業,勤奮努力,刻苦鑽研業務與技術,提高效率,努力創新。

所謂「樂業」,就是職業不僅是謀生的手段,也是樂生的方式。以自己所從事的職業為光榮、為快樂。

這些就是傳統職業道德一般,即各行各業共同性的職業道德要求。社會主義社會倡導的職業道德「愛崗敬業、誠實守信、辦事公道、服務群眾、奉獻社會」是傳統職業道德的繼承與弘揚,並滲透在我們的交通職業道德之中。

三、交通職業道德的內容及其要點

交通職業道德是職業道德的一個組成部分,是交通運輸業職工在運輸生產過程中應該遵循的道德行為準則。

交通運輸業是指國民經濟中運輸貨物和旅客的社會生產部門。交通運輸業的生產活動，不增加新的物質產品，只是移動產品的場所。但是交通運輸行業在國民經濟部門以及在人民大眾生活中的作用不可小覷。它把國民經濟各部門、各地區聯接起來，是國民經濟的大動脈，在促進商品生產和方便大眾生活方面的地位和作用非常重要。

我們的交通職業道德是社會主義經濟關係的反映，是從社會主義經濟關係中引申出來的，並貫穿於交通運輸企業全部的生產活動中，調節職工之間、職工與管理人員、職工與企業、職工與國家之間的關係的行為規範的總和。

交通職業道德對職工個人來說，要培養他們的職業理想、職業良心、職業態度、職業責任感和榮譽感。其共同性的要求即共同性的行為準則：

第一，全心全意為旅客、為貨主服務，為他們的生產和生活服務。樹立服務意識第一重要。服務是生活的來源、報酬的來源，服務也是生活快樂的源泉。服務好，大眾感謝你。所以，一定要提供優質服務。

第二，自覺地維護旅客、貨主的利益。安全、正點、避免損失和損害行為發生。一旦發生不良行為，或過失行為，要賠禮道歉，賠償損失。

第三，熱情周到，耐心細緻，對特殊的旅客、特殊對象，給予特殊的令人滿意的服務。

對出租汽車司機及其管理人員的職業道德道德規範是什麼呢？

我以為，運輸行業一般性的職業道德三條規範，即全心全意為旅客、貨主服務，維護客主利益、安全、正點、準確無誤的服務，熱情周到、耐心細緻、對特殊人員特殊對待，對出租汽車司機來說，都是適用的。不過，出租汽車司機思想上還要明確，出租汽車行業是窗口行業，尤其是北京的出租汽車行業，對首都大眾、對全國的大眾有示範性的影響作用。因此，它的職業道德要求包括：

第一，樹立服務意識，為乘客服務是極為光榮的事業。

1986 年中共中央十二屆六中全會《關於社會主義精神文明建設指導方針的決議》中指出：「在我們社會裏，人人都是服務對象，人人又都為他人服務。」即是說，人人都是被服務者，人人又都為他人服務，亦即「我為人人，人人為我。」

第二，以傳統職業道德三原則即敬業、勤業、樂業規範自己的行為。

第三，遵守交通法規。法規是道德的底線，不可無視交通法規。遵守交通法規，就是遵守交通道德。法是最低限度的道德，道德是不成文的法。

第四，善待乘客。對乘車人，不論男女老少，不論健康者或亞健康的人或病人，都要一視同仁，滿腔熱忱，周到、細心地服務。

第五，誠實服務。不欺騙，不說謊，不繞路，公平計價，不做手腳。

除交通職業道德之外，還要注意文明禮儀問題，其要求包括：

語言文明（敬語、尊稱等）；

舉止文明（攙扶老人等）；

著裝文明（整潔大方）；

態度文明（和藹可親）；

車容、車貌文明（清潔、整齊、乾淨）。

出租汽車公司的老闆、經理、管理者的道德：

第一，以身作則，率先垂範。江澤民同志非常欣賞這句古語：「上梁不正下梁歪，中梁不正倒下來。」古人云，欲正人，先正己，己不正，焉能正人？

第二，關心職工，善待職工。努力做到「恭、寬、信、敏、惠」。

第三，維護職工的合法權益，協調司機與老闆間的利益關係，合法、合理、合情處理問題。公平正義。

2013 年 8 月 22 日

大學教授也貪污

據新華每日電訊《新聞縱深》欄目 2014 年 7 月 10 日報導，「關係，立項，財務造假，審查『放水』」，《揭高校科研腐敗「三宗罪」》。讀後令人瞠目結舌。大學教授，一般說來，多半是社會精英，高級知識分子，怎麼他們也貪污起來了！

大學教授，無論學問、人品，都應當在一般人之上，「傳道、授業、解惑」是他們神聖的天職，「學為人師，行為世範」。

可是而今的大學教授，許多人不成樣子。竟不顧校規、國法，不顧臉面，幹起貪污的勾當來了。申請科研項目，不是憑實力，而是憑關係申請下來的經費，「誰弄到的課題，錢就是誰的。」他們想怎麼用，就怎麼用。用在科研上很少，多是作其它用項，請客吃飯，甚至買房子，買汽車，都可以報賬。到年終，更是突擊亂花錢。高效科研項目，從立項到執行，到結項，每個環節都可以貪污，私分國家公款，貪污受賄，比比皆是。問題相當普遍，相當嚴重！

難怪學生不尊教授為教授，稱教授為老闆。中小學教師巧立名目，變相敲詐學生家長。因此，得了一個美麗的綽號：「眼鏡蛇」。

大中小教師，全是這路貨，教育還好的了嗎？嗚呼！哀哉！

2014 年 7 月 11 日

教師也流氓

　　流氓什麼時代都有，社會主義時代也不會例外。但中小學教師當流氓，實屬罕見。改革開放初期，報紙曾披露過。最近幾年，似乎更普遍，更嚴重了。

　　中小學教師猥褻未成年女生，已經司空見慣，習以為常，見怪不怪了。

　　我們要問教育部，您們幹什麼吃的？知道不知道這樣的醜聞？不知道，您就是失職。知道，您就是不作為。

　　據《新華每日電訊》國內新聞版報導（2014 年 7 月 26 日），北京青少年法律援助中心 2013 年對 40 起兒童被性侵案件統計顯示，留守兒童性案件占到統計案件總數的 47.5%。受害人成低齡化，時間長，鄉村案發高，熟人案犯多。此外，學校教職人員成性侵主體。教師是曝光最多的群體。

　　教師也流氓，猥褻未成年女孩，教師墮落到無可救藥的地步！觸目驚心，令人髮指！

　　怎麼解決這個問題？持零容忍態度。發現一個，開除一個，要雙開，開除出教師隊伍，開除公職。實行連坐法，流氓教師所在單位，領導亦應受到相應處分。

　　加強教師的職業培訓，每學年 2 次。加強對學生的監督。鼓勵學生、家長揭發教師不軌行為。

2014 年 7 月 24 日

《羚羊木雕》故事的倫理思考

《羚羊木雕》這是中學語文課本裏的一則故事。

我讀《羚羊木雕》的故事，感到文章寫的很好，簡約、鮮明而又生動。文章中蘊含有重要的倫理道德問題。

文章的梗概是講兩位初中女同學交往的故事。一位女同學把自己的「羚羊木雕」，贈送給了她的好朋友萬芳。這件事情，事先沒有徵得父母的同意。父母發現後，立即逼著女兒「要回來」。爲什麼「要回來」？因爲這是一件貴重的物品，是她父親從非洲帶回來，送給女兒的。這個女生非常爲難，流著眼淚，冒著雨，極不情願地跑到萬芳家裏，把木雕要回來了。

文章的結尾寫道：「我覺得我是世界上最傷心的人，因爲我對朋友反悔了。我做了一件多麼不光彩的事呀！可是，這能全怪我嗎？」這發自肺腑的「原生態」式的一問，令我頓生同情，陷入深深的沉思之中。

我們爲人父母者，爲人師長者，爲人領導者，不該好好反省一下：我們平日對孩子的教育，是多麼的偏頗，多麼的功利化？家庭、社會爲孩子的成長，爲青少年的成長，究竟提供了怎樣的文化氛圍？

這一問太好了。我向這位初中女生致敬，感謝她爲我們倫理學者，道德教育工作者，提供了一個尖銳的嚴肅的研究課題。這就是理論教育、道德訓導，如何才能有效！如何才能入腦，入心，見之於行動。

這位女生送木雕給自己的好朋友的行爲，真的錯了嗎？如果說錯了，那麼究竟錯在哪裏呢？

我覺得她沒有錯。如果說她有錯，充其量是事先沒有向父母「請示報告」。然而這個錯是不成立的。因爲她父親把「羚羊木雕」送給她了，這是她

的東西了，她自然有權處置這個東西。父母應該尊重孩子的權利。所以她在和父母的對話中說「您已經給我了。」父親說：「是的，這是爸爸給你的，可是我沒有允許你拿去送人啊！」這裡我要替孩子問一句：「可您也沒有明確地說，沒有我的同意，你不能送人！」既然如此，孩子錯在哪兒呢？孩子沒有錯，「請示」也罷，「不請示」也罷，孩子都沒有錯。

錯的不是孩子，而是父親。看來父親沒有真給孩子這個禮物。說是給了，只是說說而已，實際上沒給。這不是自食其言，出爾反爾嗎？這不是說的是一套，做的是另一套嗎？

一般的說，成人之間互贈禮品是很正常的事，人們不捨得把最好的東西送人，也不會把最差的東西送人。送人的東西，總要在面子上「說的過去」吧。這是人之常情，可以理解。但成人之間相互送禮的動機非常複雜，出於親情，友情，道義，感激是有的，而且也不少。但更多的是功利化的考量。送禮時，總要想會不會白送了？值得不值得送？送什麼最能打動受禮者？如此等等，眼下送禮，送錢，送物成風，甚至送美女也時有所聞。不送，什麼事情都甭想辦成。

這是當前社會上許多成年人之所為，小孩子間，同學間互送禮物或用品，思想很單純，沒有那麼複雜，他們不會想到這東西貴重與否，值多少錢。就此而言，成年人倒是應該向青少年學習，保護他們純潔的心田，純真的交往。父母逼著孩子要回「羚羊木雕」，最重要的理由，它是一件「貴重」的物品，說白了，是一件很值錢的東西。表面上看，似乎沒什麼不好。把它要回來，等於為家裏挽回了一筆損失！

然而，從道德教育維度上考量，這損失可就大了。遠遠超過失去「羚羊木雕」的損失！

須知木雕再值錢，也沒有良好的品質「值錢」，優秀的德行，無論多少金錢都是買不到的呀！

強迫孩子要回送給朋友的東西，不給孩子留面子，損害了她的自尊心。自尊心受到損傷，是嚴重的心理傷害，當今孩子的自尊心是多麼的強，損害他們的自尊心對他們日後的成長，會帶來怎樣不良的後果，做父母的想到了嗎？

現今有些青少年，乃至成年人，臉皮厚，不求上進，苟且偷安，甚至破罐破摔，就是因為他們缺少應有的自尊心。沒有自尊心就沒有自愛，沒有自

愛，自然也就沒有自律。

讓孩子要回「羚羊木雕」，不管主觀上有多麼冠冕堂皇的理由，客觀上卻是把孩子推進「說話不算數」，「做事不講誠信」的泥潭中。難怪今日中國不講誠信，說話不算數，做事反悔，撕毀合同，不可勝數，就是因為他們從小在家，稍大一點在學校，以至後來在社會，沒有受到良好的道德教育，拿言而無信，反覆無常，說一套，做一套，乃至撒謊，欺騙不當回事。孔子說：「人而不信，不知其可也。大車無輗，小車無軏，其何以行之哉？」（《論語》‧為政），人不講誠信，在社會上如同大車無輗，小車無軏，怎麼在路上行進呢？

個人不講誠信，在社會上無立足之地，企業不講誠信，生意陷入困境，國家不講誠信，政府沒有權威。所以誠信，乃立人之本，立業之本，立國之本。《中庸》說：「誠者物之始終，不誠無物，是故君子誠之為貴」（《中庸》第 25 章）。「誠」貫穿於事事物物，沒有誠，就沒有事物，所以有大德的人，以「誠」為高尚的道德。孟子說：「是故誠者，天之道也，思誠者，人之道也。」（《孟子‧離婁》）誠是天道（自然）也是人道（社會），人不講誠信，就違背了為人之道。

我們的倫理教育，道德訓導，很難收到實效，甚至失靈。原因就在於言行脫節，言不由衷，說一套做一套。有的道德教育還是反向的，這是從家庭，學校，再到社會，相當普遍存在著的一種不良現象。文件上寫的，書上印的，老師講的，領導說的，對不對？對。可是回過頭來，看看社會現實，看看人們的所作所為，嗚呼，相差遠矣！這就是當前倫理教育的困惑，道德訓導的難題。

別的且不論，僅就「高校評估」而言，說它一點好處也沒有，不妥，但究竟有多大好處？有多大的正確性？很值得深思。勞民傷財不說，弄虛作假，比比皆是，造假成績，造假教學檔案，造假教學場景，有誰敢站出來公開地提出批評呢？據我所知，敢於站出來批評的人寥寥無幾，常常遭到報復！這難道不是對倫理教育，道德訓導的絕妙諷刺嗎！

我們教育當局的領導，我們的師長，這樣做的時候，想到沒有它的後果是什麼？高校學生考試作弊，寫論文作弊，申請獎、助學金不實等等，原因在哪裏？依我之見，就是跟領導，跟老師學來的。

「羚羊木雕」的故事，對倫理教育的重要啟迪，就是倫理教育面前人人

平等。孩子與父母，學生與老師，群眾與領導都是倫理教育的對象，都要接受倫理、道德的教育和再教育。人人是教育者，人人又是被教育者。那些居於教育者地位的人，尤其要接受倫理，道德的教育和再教育。這就是馬克思說的「而教育者本人一定是受教育的」（《馬克思關於費爾巴哈的提綱》）的道理。只有把自己的道德水準提升了，品行端正了，才能有效的教育子女，教育學生，教育大眾。否則說的再好，也不過是一句漂亮話而已。

　　古訓有云：「己不正，焉能正人」。善哉斯言！

親民有感

《拉斯維加斯時報》A8，2008.7.9，《臺灣民間稱讚大陸黨政高管親民形象》。

大陸廣西壯族自治區黨委書記郭聲琨於七月初訪問臺灣南部，他給當地族人的印象是「有幾分草根，非常親民。」

與少數民族共舞，學織布，訪農家，住民宿。深入接觸臺南果農果園，問水果的生產和銷售，前往臺中與農民交談，尋求桂臺農業合作商機。來到彰化縣學習花農的先進經營理念，向花農學習 DIY，騎「協力車」，體驗彰化田園生活。5 天行程中，郭聲琨有三天半在臺灣中南部鄉下度過。

湖北省委書記羅清泉，上海市長韓正，江蘇省委書記梁保華等等紛紛來臺訪問，好不熱鬧。上海市長韓正訪臺期間，逛夜市，搭捷運，認真體驗臺北市井生活。臺灣大眾讚其「庶民風。」

福建省長黃小晶訪臺，更突顯了閩臺間特殊的親情。吃便飯，嘗特產，拜媽祖，黃小晶的風格更像走親戚串門子。……

好了，不要再寫下去了，這足夠了。大陸高官的形象，實在太好了。可以說好得不能再好了。這本是共產黨幹部的本色，原本的共產黨形象。我青少年時代的共產黨就是這樣。

可如今在大陸的共產黨，甭說高官，就是一般的官員，帶個「長」字的要見也困難的很哪！老百姓有了冤情找他們，他們是不理睬的，多半拒之門外，或推到信訪了事。信訪部門完全是應付老百姓的，正經事是辦不了的。這是個「推脫」部門。更有甚者，外地百姓進京上訪，往往逮住，遣返回故鄉。有的還遭到無理關押！

　　我看到了這個親民報導，心裏很高興。我們共產黨高官形象良好，對爭取臺灣回歸大陸、維護主權的完整統一，非常有利。但我衷心希望「出口轉內銷」，訪問歸來的共產黨高官們，改變兩面派作風。對大陸生你養你的百姓、你的親人、你的左鄰右舍、也多少來一點「親民」的形象，真正放下官架子，「訪貧問苦」，為百姓解決些個實際問題，才是好樣的。百姓會說：「真的共產黨回來了！」

　　依我看，做到這一點很難。我敢肯定地說，他們回到大陸，就會故態復萌。因為他們害怕群眾。我真不明白，他們怕什麼？心裏沒鬼，你怕什麼？

　　幾年前，北京市委書記訪問北大。北大的派出所、保衛部、各部處均有人員在校園各路口值勤、站崗。我問站崗、放哨的熟人，學校有什麼大事發生。回答說：「市委書記來校『視察』，或『現場辦公』」。

　　「哎呀！」我的天哪！用得著如此興師動眾嗎？

　　民間有句話：「沒做虧心事，不怕三更半夜鬼叫門！」沒虧心事，怕什麼？何況又是個大白天！

　　當官的害怕老百姓，這很奇怪。中國歷來是老百姓害怕「當官」的。因為當官的掌握百姓的生殺予奪之權。怎麼現在倒過來了！當官的反倒怕老百姓，真是奇怪。

　　說奇怪，也不奇怪。因為他們嚴重地脫離群眾，只對上負責，不對下負責。老百姓對他們有意見，甚至有「恨」。別的且不論，就說北大。我們平時見不到黨委書記、校長，因為他們「忙」。

　　我們到辦公樓找他們，首先保安攔住你。問你找誰？事先預約了沒有。

　　然後才打發你到黨委接待室，或校辦接待室，由接待室的人再給你找校長或書記的秘書聯繫，然後是等待。當天見到很難。不要說有事不在，就沒事，坐那兒喝茶看報也不見，因為事先沒預約。

　　那麼，我們在校內餐廳（我們的餐廳很有水平，絕不亞於街上的餐館）到了中午用餐時間也見不到校一級的領導，就是部處級領導也難得見到。但有一位紀委書記例外，她沒有官架子，我在餐廳不止一次見到她。

　　還有到校醫院看病，我們許多同事、熟人，平時不專門拜訪，確實不容易見到。但去校醫院，卻不時碰到熟人，總要寒暄幾句，或聊上幾句。但是領導，不要說校級，校內職能部門部處長也見不到。

　　難道他們工作到廢寢忘食的地步，竟然顧不上吃飯嗎？不是。他們有許

多宴請。不僅差不多每天都有，有的一個中午有幾個飯局等著呢。「不吃白不吃，吃了也白吃。吃不吃？吃！」

他們不去校醫院看病、拿藥，不知爲什麼？也許他們個個是鐵打的漢子，根本不生病。

生病不去校醫院，必有去處，去哪裏就醫？不得而知。

有許多校系領導，我們同住藍旗營。我們見不到他們上下班，就是晚飯後出來散步，也幾乎見不到。一句話，害怕群眾。盡量「躲著走」。那麼，他們「怕什麼」？依據我的觀察，他們怕群眾向他們反映情況、提問題、或要求解決什麼問題。一句話，怕麻煩。唉！多一事不如少一事啊！憑這種心態能辦好北大嗎？

這是從北大看。那麼全市、全國呢？窺一斑可知全貌。

我本人好管閒事，見到什麼不公，或有關國計民生的大事，總給領導寫信，談看法，提建議，希望能解決問題。可以說，沒人理這個碴。

遠的不說，2009 春節過後，我和一熟人遞劉洪一信，其中在 2007 年北大清華教師爲藍旗營小區一塊建設預留地與清華出版社發生爭執，我們反對他們在此建出版大樓，市委做他們工作，他們接受市委的調節，不建了。

事情過去已經差不多三年了。我們再次請求市委下個通知，正式表明這塊土地「物歸原主」，由小區使用，可是石沉大海，杳無音訊。一句話，不理睬。

我們還是大學教授，還是資深共產黨員，他們做領導的，就這樣對待我們。那老百姓呢？不要問了，可想而知。

我衷心地希望，我們的大「小」的官員，好好反省自己的所作所爲，多多爲平民百姓著想。要知道，他們生活得很艱難。決不能只聽報紙、電視臺忽悠那些正面的好聽的言辭。聽了心煩。多到下面走一走，看一看，聽一聽。

我們進一步改革開放，臺灣中小企業、大企業不斷地湧進大陸辦廠、投資是好事。但也要注意防止環境的加深污染。他們到大陸發財，留下環境的破壞與污染怎麼辦？不要等問題嚴重了再想辦法。那可就晚了。要防患於未然。

今天中國大陸沿海地區，如江浙、廣東、福建的污染差不多已達飽和狀態。再污染下去，老百姓就沒法活下去了。

　　還有一個重要問題，地方政府靠徵地、出賣土地「賺錢」。這叫「土地財政」。出賣土地的收入，分給農民的很少，很不公道，政府拿了大頭。再加上官員的貪污受賄，真正到老百姓手裏的實在不多。這是全國農民的呼聲，也是無數農民上訪的原因。這個問題，帶有普遍性。

　　我建議，農村土地不是集體所有嗎？那麼土地承包合同的廢棄、土地出租、轉讓，尤其是徵地，應召開村民全體會議或村民代表大會討論決定。村長、支部書記，包括鄉長、鎮長，他們無權私自決定。但是迄今為止，幾乎都是村、鄉書記，村長、鄉長說了算。農民沒有發言權。這無疑地是集體所有制的蛻變，變成村、鄉黨政幹部所有了。

　　今日的中國農民無權、無勢、無代言人，土地被徵用了，他們這一代還可以「混下去」，下幾代怎麼辦？都去城裏打工嗎？徵地，許多地方實際上是借用政權力量的一種掠奪，是不折不扣的官商勾結。

　　中國以農立國，今日也不能不考慮這樣一種實際情況。我們要城鎮化，但不能照搬國外的經驗。韓國首爾大得出奇，幾乎全國一半的人口集中在這裡，中國行嗎？

　　我們中國有些領導昏了頭，盲目學習外國。馬路越修越寬，廣場越建越大，高速鐵路無限擴張，城裏的高樓越造越高——動不動亞洲第一、世界第一。有這個必要嗎？這裡有多少浪費，有多少重複建設？又有多少貪污腐敗！老百姓的血汗就這樣被糟蹋了！什麼「政績工程」，應該一律取締。還是多一點平民的工程吧！

2010 年 7 月 17 日

於拉斯維加斯

小議假話、眞話與半眞半假的話

　　假話不可以說，眞話不可以全說，半眞半假的話盡量少說。

　　何爲假話？假話，即爲不實之詞，即與客觀事實不符的言論。

　　假話爲什麼不可說？說假話危害他人、危害大眾、危害社會、危害國家、最後則是危害自己。

　　人爲什麼要說假話？因爲說假話，一言以蔽之曰：對自己有利。人爲了討好他人，爲迎合上級，爲撈取名利、地位與權勢而說假話。

　　說假話，暫時、或一時，對自己有利。但從長遠說、從根本上說，對自己不利，反而有害，使自己失信於人，陷入孤立境地。

　　眞話爲什麼不可全說？

　　說眞話，即講與事實相符的話，是做人做事的基本原則，亦即誠實做人、誠實做事。「精誠所至，金石爲開。」

　　正常的情況下，要講眞話。但眞話如何說？這裡有學問。視人、視情況而定。有人覺悟低、水平差，理解不了，對他說眞話，他不信，說多了，他不理解，甚至發生誤解，何必呢？有的場合不適合說眞話，說了不如不說，多說不如少說。硬要說，硬要說透，所謂「知無不言、言無不盡」，可能惹禍，甚至招致殺身之禍。所謂「禍從口出」。故此，「話到唇邊留半句。」眞話不可以全說。

　　須知中國文化的惡劣傳統之一，即「以言治罪」。無論歷史現實，此種狀況屢見不鮮。

　　但是還是要倡導說眞話。事關重大原則問題，要完全地說眞話，不要怕什麼。這就是毛澤東所謂的「五不怕」，即不怕老婆離婚，不怕開除黨籍，不

怕坐班房，不怕丟官罷職，不怕殺頭。「捨得一身剮，敢把皇帝拉下馬。」

這需要有勇氣，歸根到底需要無私的精神。「無私才能無畏。」

半眞半假的話盡量少說。

人說話，不可能完全是眞的，也不可能全是假的。有一些情況是眞假參半。面對現實，爲了應付一些事、爲了討好、爲了順利「過關」，可能說些不實在的話，有眞的，有假的，有可靠的，有不可靠的，這是難以避免的。但要努力不去說半眞半假的話。否則日久天長，就容易染上說假話的習慣，那就不好了。

2010 年 8 月 5 日

於拉斯維加斯

讓人家講話，天塌不下來！

已故的毛澤東主席，總結 1958 年共產風的錯誤時曾經說過一句經典名言：「讓人家講話，天塌不下來。不讓人家講話，難免有一天要垮臺。」

毛澤東講的這句話，可謂至理名言。老人家話是講得好，但他卻沒有做好。暫且擱置一旁。

我們不妨先討論一番，爲什麼要讓人家講話？

天下是天下人的天下，國家是國家人的國家。天下，人人有一份。國家，人人有一份。事關天下大事，事關國家大事，人人都有發言權，人人都有表達意見、發表見解的權利。所謂「天下興亡，匹夫有責」是也。

不讓人家講話，就是個人專斷，壟斷說話權。這種時代，應該結束了。因爲今日是民主政治的時代，皇權至上主義的時代，已不復存在。

不過事情沒有那麼簡單。中國封建社會的專制主義、權威主義、家長主義根深蒂固，就是在我們共產黨人的頭腦裏，也殘留許多。

因此，作爲領導人，一般地幾乎都不願聽別人講話，尤其不歡迎發表獨立見解。爲什麼會這樣？一則怕別人挑戰自己的權威，二則怕出難題，無力解決。三則怕意見多，難以收拾。久而久之，就形成了個人獨斷專行的局面。

下面的人爲了保護自己，爲了撈取好處，或爲了迎合上司，多半見風使舵，看領導臉色行事，不講眞話。日久天長，形成一種欺上瞞下之風，對大眾、對社會、對國家不利，甚至導致國家的危亡。所以不讓人家講話，天塌不下來，一時還行，但長此以往，就很難說了。

前車之覆，後車之鑒。作爲領導人，一定要廣開言路，鼓勵別人講話、

講真心話、講領導不願聽的話、甚至反對自己的話。這樣才可以集思廣益、相反相成，形成良好的政策、好的制度，從而得到群眾的擁護。

　　反之，不讓人家講話，自我封閉，自我孤立，脫離群眾，主觀主義地決定政策甚至制定法律，十個有九個要失敗，最後垮臺了事。

2010 年 8 月
於拉斯維加斯

政策、制度方面的若干弊害

一、黨紀委監察制度形同虛設

黨章規定，黨的紀委對同級黨委有監察權。

真的有嗎？有。那是紙面上的。實際沒有。

為什麼沒有？因為紀委上報上級紀委關於同級黨委的什麼問題，要轉回來，在同級黨委領導下處理。這樣能夠公正處理嗎？天曉得。

二、巡視員制度起不了巡視、監督黨和政府的責任

巡視員一般由上級黨政機關派員組成。他們到下面巡視、監督、檢查工作所需費用，由被巡視單位負責食、宿、行、用、娛的花費，一概由被巡視單位負責報銷。這叫「吃人家的嘴軟，拿人家的手短。」怎麼能夠起到監督、檢查的責任呢？

三、所謂自查、自糾

政府對各單位的小金庫發過不止一次自查自糾的指示，結果怎麼樣？小金庫照樣存在。

政府對高速路濫收費發布過指示，禁止非法收費，要求各地有關單位自查自糾。結果怎麼樣？高速公路濫收費，從來就沒有停止過。

四、給政策

下級政府對中央、上級政府的政策、決定，本來是可以根據實際情況，作適當的變通，或制定若干補充細則，但要報告上級，得到上級的認可或

批准。

實際情況，完全不是這樣，離開中央統一政策，另搞一套。所謂「打擦邊球」是也，即鑽政策的空子。

這樣就把事情弄亂套了，如工資政策，就是如此。

五、書記或第一把手有最後的決定權

書記有最後決定權，不知黨內何時有這個規定。

這是對黨的民主集中制的修正或篡改。直截了當地說，這是專制或獨裁，根本不是民主決策。本來書記是「班長」，是黨委會議的召集人，他要集中黨委委員的意見，絕對不是他一個人說了算。

時下一些黨政幹部常說：「我說了不算！」誰說了算呢？言下之意，書記說了算。

「書記說了算」是正確的嗎？不正確。書記說了算，本質上是專制獨裁、是變相的封建政治制度。

清代八旗王會議，是清朝早期的決策制度。八旗王可各抒己見，作公決斷。這是最後決定權。這不是民主，而是專制。

我們的書記有最後決定權，與清代早期的八旗王會議毫無二致。

六、以黨代政、黨在政上

黨政一體化，黨包辦一切，這是制度中最大的弊端。

黨權超越政權之上，這是世界上絕無僅有的。

黨章規定，黨在憲法規定範圍內活動，這是一句空話。

黨委書記兼人大常委會主任，把立法、執法混為一談。「三權」分立我們不必照搬，但權力要用權力來監督這個合理因素，還是要學習的嘛！

以黨代政的危害極大。一是國家管理制度，兩套人馬，機構龐大。二是人浮於事，工作效率低下。三是老百姓負擔太重，據說 12 個老百姓養一個官員，政府財政支出占國民收入的 37%。美國、日本不過是 4～5%左右。

2012 年 2 月 6 日

《傳媒倫理學教程》序言 〔註1〕

　　《傳媒倫理學教程》我作爲第一讀者，從頭到尾讀了一遍。我的印象是由中國傳媒大學張傳教授主編的這書，是一本簡明、平實、有用的傳媒教科書。我相信中國傳媒大學的學生和廣大傳媒工作者，只要認眞閱讀此書，或者擠時間大致瀏覽一番也會受益匪淺。因爲這書對大眾傳媒的歷史與現狀、功能與作用、大眾傳媒與社會生活以及人的全面發展，作了很恰當的論述。知識豐富、視野開闊、信息量充分。其中不乏精闢的見解、獨特的思考。其觀點立場明確，站在人們大眾一邊，捍衛傳媒的客觀性、公正性與正當性，堅持馬克思主義的新聞觀。作者對傳媒工作者艱辛的工作給予充分的肯定，對他們不畏強權、不怕困難、勇於深入第一線探訪，甚至把自己的生命、安全、健康置之度外的精神高度予以讚揚。面對那些不顧黨規國法、利用職權撈取個人好處、毀壞媒體聲譽的種種不良行爲給予無情的鞭撻。這一切都值得稱道。

　　現在的大眾媒體，處在信息化時代和改革開放的新時期，又加上市場經濟的作用，不僅媒體本身的內容、形式、機構、體制發生了巨大的變化，其辦媒體的指導思想、工作方法亦發生了前所未有的根本變革。

　　這裡有三個根本性的問題，值得思考，值得討論。

　　一是媒體是個什麼性質的社會組織？它是實體經濟嗎？它要時刻考慮自身的經濟效益，不停地追求利益或利潤最大化嗎？

　　我認爲不是。媒體是社會的公器，是爲社會大眾服務的，爲大眾的利

〔註1〕 該書最終出版時，出版社認爲教科書一般不用序言，故本文未實際使用。

益、爲大眾的訴求而奔走、呼號，如同公共汽車、城鐵、地鐵一樣。它是社會的一種公用設施。它也要經營。經營的目的不是爲了賺錢，更不是賺得越多越好。它的存在作用是爲大眾提供精神產品服務。有許多時候，它不賺錢，甚至賠錢。政府爲此還要給它補貼。北京的公共汽車公司就是如此。因爲票價非常便宜，它賺不了錢。有些時候，也會賺一點錢，但那是微利，「取之於民，用之於民」。媒體也應如此。如果各種媒體都想方設法賺錢，把媒體辦成如同公司一樣的經濟實體，那媒體無疑就走上了邪路。有人說，媒體改革了。體制改革、機構改革，組成媒體報業集團變成經濟實體或準經濟實體，參與市場競爭，否則無法生存。眞的是這樣嗎？本人表示懷疑。須知不是一切改革都是正確的。當初教育改革、醫療衛生事業改革，一下子推向市場。產業化、市場化的結果是什麼？結果是怨聲載道。損害了群眾利益，現在不得不往回改了。這就是教訓！沉重的教訓！把媒體視作經濟實體，按經營企業的方式經營媒體是方向性的錯誤。

第二個問題，媒體是誰的「喉舌」？是黨和政府的「喉舌」，抑或是人民大眾的「喉舌」？本來這兩個喉舌是一個喉舌。黨和政府的利益和人民大眾的利益是一致的，因此要保持一致。我們從前一貫這樣說、這樣做。沒錯，是對的。問題是今天，改革開放的當今，社會生活非常複雜，利益多元化、價值觀多元化且共產黨內、政府內混進了一些不良分子，還有蛻化變質分子。他們往往利用手中的權力，以黨和政府的名義，做違法亂紀的事、做侵犯大眾權益的事，難道也要和他們保持一致嗎？也要和他們站在一起嗎？對他們的錯誤不曝光、不報導、不批判嗎？反而要當他們的「喉舌」爲他們辯解嗎？否！新聞媒體應該堅決站在人民大眾一邊，爲大眾撐腰，爲大眾說話，爲大眾吶喊。何況，黨、政府做事情，並不總是正確的。有些時候，包括立法、行政都有錯誤。新聞媒體有監督的權力，有協助有關部門糾正的權力。因此不可以簡單地說，媒體就是黨和政府的「喉舌」。歸根到底，媒體是人民大眾的「喉舌」。這是馬克思主義的基本觀點，不容顛倒。

第三個問題，所謂「議程設置」問題，就是那麼多新聞、信息、事件、事態等等，把什麼東西交給受眾，讓大眾有所瞭解、有所認識、有所掌握。這個問題的實質，就是「價值取向」問題。不能以編輯、總編輯、記者，一句話以采編人員的價值觀、以他們的好惡決定取捨，也不能以領導意志爲取捨。而是要以人民大眾的利益、要求、願望爲取捨標準。新聞、媒體不可以

有聞必錄、有事必報。要分析這些新聞、這些事件有無典型意義、有無普遍價值？老百姓是否喜聞樂見？有些事件，如殺人狂血淋淋地殺人的事實，令人毛骨悚然的血腥畫面，也要報導嗎？還有那些「豔照門」的錄像也要播放嗎？不可以。因為這些東西，反面的作用大於正面的作用、消極的東西大於積極的東西。老百姓不歡迎，聽了或看了之後「倒胃口」，甚至感到「噁心」。還有所謂「議程設置」絕不是什麼新聞媒體的新理論，而是販賣主觀主義的遮蓋布，也極容易操控輿論、強姦民意。

須知新聞、媒體是無任職的大眾的教師、社會的嚮導，責任重大、使命光榮。應教導人們積極向上，而不是消極頹廢，不能迎合低級趣味、一再媚俗。應努力醇化社會的正氣，昇華人們的精神境界。

依我之見，新聞媒體的運作方針縱有千條萬條，根本的一條就是眞、善、美三個大字，講究眞、講究善、講究美。眞實、善良、美好是新聞媒體的生命之所在，是新聞媒體永恒不變的追求。杜絕假惡醜、鞭撻假惡醜則是它永遠不可忽視、不可忘記的任務。

本書的作者們從新聞媒體的實際出發，闡釋媒體工作者的職業倫理與道德，使讀者，特別是媒體工作者，或即將從事媒體工作的學子們感到親切自然。

作者們實事求是對待媒體工作的成績和問題，勇於「揭短」，正視事實。這種態度值得肯定。

作者們又深入淺出地運用倫理學一般原理指導媒體的工作，「指路子」、「出點子」，讀了之後，感到這書有用，可作為工作的嚮導。

這是一本通俗易懂的好教材，有理論性，又有可操作性，值得用心閱讀、努力實踐。

魏英敏　2013 年 4 月
於北京大學哲學系

道德治理與
道德文化建設討論會上的發言

（2012 年 10 月 14 日）

　　道德治理，我的理解就是用道德來治理社會。這是以德治國的傳統觀念的新提法，也可以說是與時俱進的新發展吧！不過，我今日準備從相反的一個視角來談談我的認識。

　　我們要進行道德治理，應當先來一個治理道德。這叫「磨刀不誤砍柴工」，這也可說「工欲善其事，必先利其器。」

　　我們講的這套道德，即社會主義的倫理、道德，依我之見，它是科學的道德觀，不論是功利主義的道德觀、進化論道德觀、契約論道德觀、宗教有神論的道德觀等等，都不能正確地解釋道德的起源、道德的本質、道德發展規律等注重倫理道德的重大理論問題。唯有馬克思主義的道德觀，即唯物史觀的倫理學，才能全面地科學地予以解釋。簡言之，從社會的物質生產方式上解釋，才能對上述問題說得清、道得明。

　　可是我們都知道，我們講的這套倫理道德，人們很難認同，即很難接受。爲什麼？外在的原因，這裡暫且不論。就我們理論隊伍自身而言，有嚴重的與世隔絕的問題，我們不大知道，我們理論研究是怎樣脫離實際、脫離現實。相反的，確是「入鮑魚之肆，久而不聞其臭。」

　　阻礙我們前進的問題是什麼？我以爲有三個主義，必須克服。這三個主義，就是教條主義、絕對主義與獨斷主義。這三個主義是一種錯誤的思想方法，是我們習以爲常的思維方式。

　　所謂教條主義，就是把馬克思主義當做千古不變的教條、包治百病的靈

丹妙藥，生搬硬套，不考慮時間、空間的變化。用中國傳統的哲學語言來說，就是只知「經」，不知「權」。

十年動亂期間，廣州部隊司令員黃永勝編了一本毛澤東語錄，即通常所說的「紅寶書」。幹部、戰士有什麼思想問題，就到「紅寶書」中尋找答案，以為這樣就可以解決問題了。真的能解決問題嗎？天曉得。

這樣荒唐的事，在我當年工作的人民大學，曾經有一椿。說起來實在可笑，但它卻是真實的存在。一個馬列所的研究人員，他的妻子趁他去湖南湘潭四清之際與一個男人勾搭上了。他知道了這件事，但不便請假回京處理。於是他想，找「紅寶書」解決問題吧。他把「紅寶書」拿來，從頭至尾讀了一遍，沒有找到合適的的答案。經過仔細閱讀、仔細思考之後，在「紅寶書」《戰爭與和平》一節中，找到我們對戰爭的態度。毛主席說，我們對帝國主義發動戰爭，一反對，二不怕。他認為，答案有了，就是對我的妻子給我戴上的綠帽子，我的態度是一反對，我絕對不贊成她的私通行為；二是不怕，我認為她這種行為不道德，傷害的是她自己，不是我，所以我不怕。

你們看，這種教條主義，從書本上找答案，能解決什麼問題？什麼問題也解決不了。在倫理學研究中，俄國馬克思主義者普列漢諾夫說過，講道德總是或多或少地要犧牲的。這個說法是有道理的，但是它是道德中的必要屬性，不是必然屬性。可是我們的許多同仁，卻認為犧牲是道德的必然屬性。不講道德就算了，只要講道德，就要犧牲。這樣講，大眾是不認同的，是不接受的。換言之，犧牲是有條件的，不是無條件的。

所謂絕對主義，簡言之，就是割裂絕對與相對的辯證統一原理，脫離相對講絕對。本來絕對的東西，不是絕對的絕對，而是相對中的絕對。例如個人利益與集體利益的關係，通常情況下，兩者應兼顧，各得其所，沒有誰服從誰的問題。只有在特殊條件下，才能說個人利益要服從集體利益。

可是絕對主義者不分場合，不講條件地說「個人利益要服從集體利益，而且個人利益要絕對地服從集體利益」，或者「個人利益要無條件地服從集體利益。」這樣集體利益就是永遠正確的，永遠是正當的，個人利益成了可有可無了。

這樣講集體主義，群眾能接受嗎？顯然不能。

還有獨斷主義者，他們認為我們講的這套馬克思主義哲學、馬克思主義倫理學是絕對正確的，真理只在我們手裏，「只此一家，別無分店。」其它的

哲學、其它的倫理學，都不科學、不正確，都無一例外的是我們「批鬥」的對象，都是封、資、修的黑貨。不論西方的、中國古典的、現代的都不是學習借鑒的對象，而是要批判、要否定，不承認有什麼合理的因素、進步的成分。以至於在道德遺產的批判繼承的問題上，走向了死胡同。例如，剝削階級的倫理、道德文化遺產，可不可以批判繼承？答案是否定的。以至於出現了「平行繼承法」的謬見，即剝削階級繼承剝削階級的，勞動人民繼承勞動人民的。荒唐透頂！這樣講道德，倫理文化還有可能發展嗎？還有可能流傳下去嗎？不可能！

可見，教條主義、絕對主義、獨斷主義，都不是馬克思主義。

他們完全忘記了，馬克思主義並沒有結束真理，它只是為人們認識真理開闢了無限廣闊的前程。

教條主義、絕對主義、獨斷主義者三個主義不徹底克服，倫理學要發展，就很難，難於上青天。

2012 年 11 月補記

工農兵上大學的啓示

記得是在 1970 年的初秋，我在江西餘江縣，人民大學「五七」幹校臨時出差，去那裡做清隊、整黨工作。忽接調令，去北京大學報到，參與教學試點工作。

1966 年文革開始，大學就停辦了。過了三年左右，毛主席發話：「大學還是要辦的。」先在清華、北大作試點，招收工農兵學員「社來社去」，學習三年，畢業後回到原單位。

當時的北大是文革的重災區。知識分子、教授們都已先後被批判、被打倒。多半被加上「反動學術權威、或資產階級知識分子」的「罪名」。知識分子們是有名的所謂「臭老九」，即「地、富、反、壞、右、叛徒、特務、走資派，還有知識分子。」

知識分子是無產階級專政的對象、批判的對象、鬥爭的對象、改造的對象。好在毛主席頭腦很清醒，認爲知識分子還是有用的。他借用《智取威虎山》戲劇中一句話說：「老九不能走。」

那時候流行一種說法，說毛主席說：「北大廟小神靈大，池淺王八多。」教師多半被打倒了，要復課鬧革命，要教授們站出來教書，困難重重。

而當時北大、清華都被軍宣隊、工宣隊接管了。他們懂得鬧革命，但不懂得教學，更無能力去組織安排教學。

怎麼辦？還是主席高明，他指示有關部門組織軍宣隊、工宣隊到知識分子集中的地方「摻沙子」，後來又想出「新主意」，派一些出身好、表現好、有一定水平的知識分子，摻合進去領導、組織安排工農兵學員的教學工作。他們管教學、管教師，又管工農兵學員。

就在這種情況下，經北大、人大軍宣隊領導協商，從人大篩選約 50 多人進了北大。我是其中之一。

我們到北大之後，首先參加軍訓，在北京郊區「拉練」，背著行李，每天走數十華里，到了駐地學習解放軍，給房東老鄉挑水、掃院子、劈劈柴。

「拉練」結束後我被分配到哲學連（哲學系），當時（1970 年）哲學系共招收工農兵學員 180 名，下設 4 個排。我被任命為第四排（大班）排長。1970 級學員畢業後，又派我做 1974 級工農兵學員的班主任、黨支部副書記，主管教學。

我的角色是一名基層的教學管理人員，我的任務是管理學員、教師，組織安排教學，同時我又是工農兵學員「上、管、改」的對象。

這兩屆工農兵學員都是來自生產勞動或軍隊第一線的優秀分子。他們出身好、表現好、工作好，有一定的文化基礎。由於諸多原因沒有條件讀書深造，底子很薄，所以非常嚮往有機會去讀書、學習。

他們年齡參差不齊，文化程度參差不齊。但是共同的特點是渴望獲得更多知識以建設家鄉、報效祖國。

平心而論，工農兵學員特別是第一屆工農兵學員各個都是好樣的。他們到北大學習的確是「百里挑一」，說是「千里挑一」也不為過。

1970 年 6 月 27 日中央批轉《北大清華兩校恢復招生的請示報告》，招生意見是：「招收政治思想好、身體健康、具有三年以上實踐經驗、年齡在 25 歲左右、有相當於初中以上文化程度的工人、貧下中農、解放軍戰士和青年幹部及上山下鄉回鄉知識青年。」實行群眾推薦、領導批准和學校複審相結合的招生辦法。是年北京大學共招收工農兵學員 2665 人（含一年制短訓班 257 人），其中江西分校 433 人，漢中分校 111 人。以後其他院校陸續跟進，從 1970 年至 1976 年全國共招工農兵學員 94 萬多人。

70 級這些工農兵學員，是從基層選拔上來的，沒有也不可能「走後門」。以當時黑龍江嫩江縣為例，全縣數百人參加推薦，從生產小隊到大隊到公社再到縣裏，層層推薦、層層選拔，優中選優，並且要通過文化考試，最後達標，符合條件的只有 3 人。這三人畢業後有一名正局級幹部，原中央黨校辦公廳主任王桂英；現今住建部部長姜偉新；清華大學教授、原研究生院處長楊淑華。

工農兵學員年齡最小的 18 歲，最大的 38 歲，是名符其實的工農兵，他

們分別來自工廠、農村生產隊、內蒙、黑龍江生產建設兵團的知識青年，還有一大部分來自解放軍基層連隊。在 2665 人中，軍人有 1215 人。他們分別在哲學、中文、歷史、外語、力學、物理等系學習。

他們基本上是「社來社去」，就是從基層中來，又要回到基層中去。他們上大學的目的是學點知識回鄉去，回工廠、回部隊、回基層去改變那裡的貧窮落後的面貌。根本沒有想到要留在大城市、留在政府機關。

他們的思想是單純的，升學的目的是明確的：報效家鄉、報效祖國、報效黨。

因此到校後他們惜時如金如饑似渴地學習讀書。

當時黨的教育方針是教育為無產階級政治服務，教育與生產勞動相結合。他們的課程安排學習書本知識與學習工農兵相結合，即理論與實踐相結合。

北大哲學系為這兩屆工農兵學員開的馬列毛澤東思想為主幹課程，如《關於費爾巴哈的提綱》、《費爾巴哈與德國古典哲學的終結》、《反杜林論》、《共產黨宣言》、《法蘭西內戰》、《哥達綱領批判》、《唯物論與經驗批判論》、《國家與革命》、《蘇聯社會主義經濟問題》、《矛盾論》、《實踐論》、《關於正確處理人民內部矛盾問題》。此外還有哲學原理、中國哲學史、西方哲學史專題講座，還有寫作課。

七四級入學後課程更加完善和系統，如系統地開設了中國哲學史、西方哲學史、形式邏輯課、中共黨史課。教師的配備陣容強大，趙家祥主講《國家與革命》，宋一秀主講《哥達綱領批判》，魏英敏主講毛澤東《關於正確處理人民內部矛盾問題》、張文儒、李克剛主講政治經濟學和《蘇聯社會主義經濟問題》，許征帆主講共產主義運動史（第一部分）。

李真、陳啟偉、張顯揚、朱德生主講歐洲哲學史和現代資產階級哲學批判，諸如《古希臘羅馬哲學》、《中世紀歐洲封建哲學》、《17 世紀歐洲封建哲學》、《17 世紀英國哲學》、《17 世紀法國哲學》，還有李世繁先生講授《從邏輯學觀點看列寧對考茨基的批判》。

講授歐洲哲學史的還有一些老專家、老教授王憲均、齊良驥、熊偉等。還有專題課《馬恩列斯論無產階級專政》，由張文儒輔導。

這兩屆工農兵學員讀大學除學習專業知識外還有「上、管、改」的任務。所謂「上」即上大學，學習馬列理論及相關知識。所謂「管」即管理大

學，他們是學校的主人，參與教學的設計與管理。所謂「改」即改造大學的不合理規章制度，探索教學革命的新路，監督改造知識分子，即幫助教授們改造思想。

他們之中有些受「極左」思潮嚴重影響的人把教師看作是「鬥、批、改」的對象，對教師不尊重、不友好，但這樣的人畢竟是少數。

兩屆工農兵學員，在校學習這三年或三年半，讀書時間約占三分之二的時光，那三分之一多半下農村、去工廠、上部隊。學農，學工，學軍。這叫「開門辦學。」可以說是半工半讀，以讀為主。

我們這兩屆學員到過北京市大興縣餘垡公社、黃村公社、大興二鍋頭酒廠、石景山公社田村大隊、北京針織總廠、新華印刷廠、三十八集團軍。

在農村住老鄉家裏，吃派飯，與農民同吃、同住、同勞動、同娛樂。

在工廠，住職工宿舍，吃職工食堂，參加一定的生產活動，同時作些社會調查。

七四級工農兵學員在大興縣「天堂河」農村邊勞動邊讀書，學習插秧、施肥、拔秧、除草、割稻、打穀、種水稻、獲得大豐收。總產量三萬六千零三斤，畝產九百六十八斤。「過了長江」部隊學員張東嶺在一篇文章中寫道：「農田勞作我們嘗到了農村生活的清苦和農民勞作的艱辛，大家更加深了與勞動人民的感情，更加珍惜來之不易的學習機會。」何止是張東嶺，應當說，這是 105 名工農兵學員共同的心聲。

兩屆工農兵學員正趕上批林批孔、批走資派、批右傾翻案風，他們參加座談、討論，張貼大字報。

1973 年，朝陽農學院招收工農兵學員張鐵生是其中之一，他入學考試一見試題，就傻眼了，交了白卷，於是在卷子背面寫上很長一段話，表達了他對舊教育制度、考試制度的不滿，被當時國家科教組（相當於教育部）負責人利用，接著在全國推廣朝陽農學院的教育革命經驗。所謂「大學越辦越大，越辦越向下。」教學受到很大衝擊，長時間到農村、工廠、部隊，更多的向實踐學習。

四人幫倒臺以後，為奪回損失的時光，讓工農兵學員學更多的理論和知識，系裏加大了學習力度：哲學原理、自然辯證法，還有若干哲學、哲學史方面的講座。

馮友蘭、張岱年、鄧艾民、樓宇烈等教師重開中國哲學史，約 6 周左

右。馮友蘭專題講座《新理學的自我批判》，馮先生說，中國哲學史上對孔孟之道進行過三次大的改造。第一次是漢朝董仲舒把孔孟之道宗教化，第二次是魏晉何晏、王弼、郭象的玄學，把孔孟之道老莊化。第三次是程朱、陸王把孔孟之道佛老化。他聲言，試圖對孔孟之道進行第四次改造，即把孔孟之道資產階級化。他二十年代寫的《人生理想的比較研究》、《人生哲學》教科書以及抗戰期間的《新理學》等貞元六書，都是對孔孟之道第四次改造的嘗試。

兩屆工農兵學員畢業後由於形勢發展、工作需要，組織上要求他們服從分配、聽從黨的安排，他們之中有許多人回到了自己的故鄉，到公社，到工廠，到部隊去。其中有不少人留到縣裏或市裏。

北大 1970 年招收的工農兵學員共計二千六百餘名，留校當幹部的 136 人，充實到校系兩級領導崗位。他們不願留校，學校領導費了很大勁說服，放棄初衷，留下來工作。

這些人當年 20 多歲，如今都已退休。他們多半做到正處級幹部。其中有三名當了北大的副校長。

其他在外地工作的工農兵學員，無論 70 級或 74 級表現都是好的，他們當時進校文化水平參差不齊，多數是初中畢業，少數是高中畢業，還有一些小學文化程度的人。但在北大學習三年左右，基本上達到大學專科的水平，參加工作後他們又通過各種方式補上了大學本科的課程，成為名符其實的大學生。其中有少數人考上了碩士研究生、博士生或出國留學。

給我留下的深刻印象是工農兵大學生，熱心讀書，刻苦學習，像海綿吸水般地吸收各種知識。系裏當時的教改組，把有學問、有豐富專業知識的中青年教師，和一部分老教授配備到教學第一線。他們不僅在校教學，還跟隨學員上山下鄉，去工廠、部隊，邊鍛鍊，邊教書，邊改造思想。師生關係總的說是好的，學員尊重教師，教師愛護學生。師生「摸爬滾打」在一起，成為「一個戰壕裏的戰友。」

當時學的課程有馬列毛澤東哲學原著，有中國、西方哲學史，有若干專題，如康德哲學、黑格爾哲學、儒家哲學，老子哲學，心理學，邏輯學，還有西方哲學批判課程。

客觀地說，自 70 級始，一屆比一屆開的課程更系統、更全面。這就為他們日後成才奠定了寬厚的理論基礎和廣博的知識底蘊。

工農兵學員，尤其是七四級的學生，他們有豐富的閱歷，是見多識廣的一屆學生。他們在農村、在工廠、在部隊、在機關、在學校經過文化大革命初期急風暴雨的考驗，經過鬥、批、改階段的鍛鍊，又在農村、工廠、部隊過過一段艱苦生活，或做過一個時期基層幹部，他們個個是好樣的。他們身上沒有驕、嬌二氣，有的是朝氣蓬勃的勇氣、戰勝艱難困苦的意志。他們是在廣闊的社會實踐天地裏，學會怎樣學習、怎樣生活、怎樣與人合作、怎樣做人做事的一代人。

1975 年學習朝農經驗，教學受到很大衝擊，勞動時間越來越長，讀書上課時間在減少。不少教師、學員，開始抵制這種「左」的思潮。

我當時是這個班的班主任，又是教改組長。在大興分校一次教學工作彙報會上發言。我借姚文元（四人幫分子之一）講話批評工農兵大學生勞動過多、業務知識學習過少的狀況，批評北大。我說「六廠二校」（當時說毛主席抓的點，有新華印刷廠等六廠，還有北大、清華兩校）的經驗，未必都先進。我們在這裡半天勞動，半天讀書。讀書時間本來不多，可是星期六、星期天又要義務勞動，這太過分了。沒有多少時間讀書，怎麼能夠成爲又紅又專的人才？此外我還說，星期六、星期天請假回校，只退糧票，不退錢票，又沒有澡堂，學生不洗澡，女大學生洗頭的條件都沒有（大興縣永定河泛濫區，到處是黃沙），長此下去，怎麼堅持得了！

聽了我的這三條意見，北大工宣隊大興分校負責人之一、外文印刷廠的工人師傅立即對我進行批評。說我抵制教育革命，挑撥工農兵學員與軍、工宣隊的關係。我反駁說，今日開會，讓我們總結工作、提意見，提的意見，甭說對的，退一步說，就是錯了，又何罪之有？難道總結工作，只能說好的嗎？會場一片沉寂。在場的中文、歷史、經濟、法律諸系的教改組長，對我投以敬佩、同情的目光，他們以沉默不語的方式，抵制工人師傅對我的無理批評。

會後，大興分校領導開會，要「整治」我。否則他們太沒面子了，以後的工作不好做了。分校領導之一，哲學系教師李中華保我說：「老魏口快心直，此人就是這樣，他的發言縱然不正確，但也無惡意。」會後他們到哲學系工農兵學員住地，企圖發動師生貼我的大字報，煞一煞我的「歪風邪氣」，但無人響應。

後來他們以我尚未走「五七」道路爲名調我離開七四級，下農場勞動

補「五七」道路這一課。從此我離開了七四級學員，他們於七五年底回到學校。

1976 年上學期，唐山大地震，九月初毛主席逝世，74 級師生去唐山抗震救災，這時系領導調我到毛著教研室教書，任支部書記。74 級工農兵學員從唐山返校，悼念毛主席逝世後，不久四人幫倒臺，他們立即行動起來，批判四人幫的罪行，包括其踐踏教育、打擊迫害知識分子。他們表現了熱愛黨、主持正義的高度政治熱情。

有一天，他們在住地 38 樓外面牆上貼了一張大字報，許多學生聯署的：「歡迎魏老師回到班主任崗位上，送我們畢業。」「我們信任魏老師，請系領導放他回來。」這樣我就又做了他們的班主任，直到送他們畢業離校。

這是同學們對我的客觀的、公正的評價，也是對錯誤「整治」我的平反。可見學員們有很高的分辨是非的能力。他們富有正義感，對老師是信賴的、尊重的。

往事悠悠，感慨萬千。當年的工農兵學員，英姿勃發，生龍活虎，抱著建設美好家園，報效祖國的一顆紅心，來到北大，學習三年後奔向四面八方，走上黨和國家需要的崗位。他們親身參加了「改革開放」的歷史過程，在這個過程中經風雨見世面，經受了考驗，受到了鍛鍊，作出了客觀的成績。他們擁護黨，擁護社會主義，擁護改革開放的路線。他們之中湧現了一大批黨、政、軍機關的領導幹部和學校學術團體的骨幹，其中不乏高級幹部。僅就 70 級我這個排（班）來說就有賈培鐸，曾任北海艦隊少將副政委；苟天林，曾任西藏自治區黨委常委宣傳部長、光明日報社社長；劉勝玉，曾任中共中央黨校副校長、天津市委副書記。還有北京特鋼工會主席、全國勞動模範趙振海。還有 70 級工農兵學員、黑龍江社會科學院研究員畢治國寫出中國第一本《死亡哲學》的著作。還有許多中級幹部、司局長。也有少數大學教授、副教授。

七四級學員 105 名中，據不完全統計，正局級幹部 12 人，副局級 9 人，正教授 5 人，副教授 15 人，正處級 25 人，副處級 4 人，科級幹部 11 人，民營企業家 1 人，個體經營 1 人，出國的 3 人。其餘的不詳。

在他們之中，李發軍成為安陽市委副書記，市人大主任，韓樸明曾任日照軍分區、威海軍分區政委；師榮耀曾任國家發改委辦公廳主任，王泉力曾任國家民委國際司司長，賀岩曾任電影學院副院長，方敏做過上海國防戰略

研究院院長，許玉傑在地產、綠色食品業成為民營企業家等等，這屆工農兵學員他們來自工農子弟，沒有任何官二代的背景，靠著他們自身勤奮努力，他們來自基層，回到基層，踏踏實實從底層工作幹起，有的擔任領導，有的成為學者教授，有的成為了律師，但是無論他們擔當何種職務，都在各自的工作崗位上盡職盡責，努力完成人民對他們的重託，不負所望，成為國家的棟樑之才。在物欲橫流社會的今天，這屆學員中據目前所知他們中沒有一人被雙規。

他們在機關、部隊、學校、新聞、出版、報社、雜誌社，或工廠、企業、商貿等部門，幾乎都是那裡的骨幹。他們在各自的崗位上作出了突出的貢獻。他們無愧於這個偉大的時代！

從 70 年到 76 年，全國高校，從北大、清華開始陸續招收工農兵學員，先後達數十萬之多。

毛主席說：「要從有實踐經驗的工人農民中間選拔學生，到學校學幾年以後，又回到生產實踐中去。」（見《人民日報》社論《農大畢業當農民》編者按，1974 年 12 月 2 日）

這是中國教育史上的巨大變革。幾千年來，教育一直被權貴階層、有產者壟斷。他們的子弟有條件受高等教育，而廣大勞動者、城市貧民子弟，甭說受高等教育，就是受普通的初級教育都很艱難。

這種教育的不平等現象，在舊中國延續幾千年。

新中國成立後打破舊教育體制，勞苦大眾的子弟或青年勞動者有條件、有機會、有權利（設助學金）受教育甚至受高等教育，這是教育史上革命性的變革。

解放初期，從工農兵中，招收一批學生帶工資或給助學金去讀「工農速成中學」，補上中學的文化課，然後進入高等學校（大學或大專）深造。這是中國教育史上巨大變革鐵的例證。

文化革命後期，從社會實踐中招收工農兵大學生，意義巨大。這是對舊教育制度又一次有力的衝擊。

從前，包括全國解放後的教育，嚴重的問題是學校教育脫離階級鬥爭、生產鬥爭、科學實驗三大革命運動，一言以蔽之，「脫離實踐。」閉門讀書，學生在「三點一線」中生活，出家門、進校門、出入校門，進工作門，不瞭解社會，不瞭解生產，不瞭解生活。

　　這種狀況至今還存在，甚至較過去更嚴重。我們的學校，大中小基本上都是「關門辦學」，所謂「封閉式管理。」學生不食人間煙火。上個世紀九十年代以前，我還在崗位上，本科生、研究生都去工廠、農村作社會調查，爲期一個月左右。進入二十一世紀之後都取消了。

　　現在學生學的知識，不能說不先進、不現代。但學生在教育產業化的大環境下，只知讀書「做官發財」，此外什麼都不懂。文科不作社會調查，理工科不下工廠，整天在電腦裏滾、在虛擬世界中混。他們不懂如何刻苦讀書，不懂如何鑽研學問與技術，不懂爲人處世的基本常識，甚至連字都不會寫了。

　　「智育第一」，德育、體育都成了「短板」，從小學甚至幼兒園直到大學莫不如此。近視增加，體質下降，精神呆滯，「少年老成」。當年「鍛鍊身體，保衛祖國」、「鍛鍊身體，建設祖國」的口號、標語，蕩然無存。學生成了考試機器，在書本重壓之下，失去了快樂的童年和少年。

　　工農兵上大學，開門辦學，學工、學農、學軍，它的重大意義，在於爲學用一致指明了方向，爲理論聯繫實際開闢了廣闊的道路，培養了學生會做事、會工作、會生活的能力。這條路值得借鑒、值得肯定。對比今天的教育產業化、商品化、以賺錢爲職志的糟糕現實，難道教育部門的領導、專家、學者、教師們不應該認眞地反省反省嗎？不應該來個徹底革命嗎？

2013 年 3 月 10 日

因噎廢食

　　「因噎廢食」一句成語，源自《呂氏春秋‧蕩兵》。「有以食噎者，或禁天下之食，悖。」因為吃一口飯噎著了就不吃飯了，這不是很荒謬嗎？

　　人，生活中犯錯誤、說錯話、辦錯事，在所難免。能因此就不再說話、不再做事了嗎？不可以。因為它違悖常理。

　　好了！觀察今日中國社會發生之事，這類怪事屢見不鮮。

　　某中學男生跑 5000 米，很吃力，跑下來出了問題，因此，學生運動會就廢除了男生 5000 米項目的比賽，女生 3000 米項目的比賽也廢除了。

　　某校游泳池溺死一個學生，因此，校方關閉游泳池。

　　諸如此類，不勝枚舉。

　　有一老婦人，過街倒在地，有人救助，然而老婦人不但不感謝，反說就是那人把她撞倒了，要求去醫院檢查，要求賠償損失等等。於是，人們就說要「見死不救」，免得給自己惹麻煩。

　　凡此種種，皆屬於「因噎廢食」。這種偶然發生的事情，如果人們把它誇大並認為這是常態化現象。這個社會將是什麼樣子，不言而喻。因為噎著了就不吃飯，人豈不是要餓死嗎？看來人們還須要學習一點哲學常識。事物運動變化中的恒常現象與偶發現象對立統一。偶發是個別、例外，不是普遍的常態現象。

2014 年 7 月 15 日

功利論與道義論

　　功利論在擴張，道義論在縮小。功利論和道義論是倫理學的兩種針鋒相對的道德理論，前者以十八世紀英國哲學家邊沁為代表，後者以德國古典哲學家康德為代表。在中國，道義論以儒家為代表，功利論以管仲、墨家為代表。

　　兩種理論，都源於生活。功利論是人們生活片刻不能離開的。道義論同樣是人們生活不可或缺的。董仲舒是個道義論者。他說：「正其誼，不謀其利，明其道，不計其功」。可是他認為，利與義是不可偏廢的。他說，「義與利，人之兩有也。利以養其體，義以養其心。無利體不安，無義心不樂。」

　　可是人們往往重利輕義。從人們自發的行為觀察，往往是如此。但人過的是社會生活，社會生活教導人們，義不可缺少，義具有統御利的作用。「義以制利」，以義取利，才是謀利之正道。

　　然而近日人們的行為是「放利而行」。明明是可以用道義原則解決的問題，也功利化了。這是功利論在擴張，道義論在縮小。長此以往，必然發生不堪設想的後果。

　　近日北京新聞（2014 年 7 月 16 日）報導北師大一教授走失 5 天終於被兩位環衛工人發現，法學院領導堅持給這兩位好心人獎勵 5 萬元，什麼要「保障好心人的利益」。「冠冕堂皇」，聽起來很好，實際上，否定了精神獎賞的價值。現在的情況，做了好事，一定要給物質獎勵，把精神獎勵、表彰、宣揚一律否定。這是錯誤的。功利主義泛濫，危害人的心靈。

2014 年 7 月 21 日

諾言與兌現

　　重諾言，講信用，是中華民族的傳統美德。記得 1924 年，孫中山在廣州對國民黨人的一次演講中說，中國人歷來重諾言，不像外國人那樣，辦事要訂協議、簽合同。

　　這話是事實，但在今日商品社會的情形下，不能憑口頭承諾辦事，必須簽署合同。就是簽了合同，也有時不能兌現。何況只說一兩句話呢。

　　我的生活經驗，就是絕不輕信他人的許諾。當別人許諾什麼事，不要過於相信，姑妄聽之罷了。

　　為什麼？因為有人說話是不負責任的。他隨便說說而已，並不打算實行。有人說了，是為了應付場面，真心想的是另外一回事。

　　有人說了，想兌現，但為條件所限，實際辦不到，只好說了不算。

　　有人說了是為了討好你，讓你高興而已。

　　所以，不要輕信別人的諾言，更不要有什麼期待，否則一旦落空，失望的情緒就會損害你的精神。

2014 年 7 月 27 日

一則新聞引起的道德思考

《北京青年報》2008 年 3 月 30 日「本市新聞」欄目報導「今年年底前，本市各賓館飯店，歌舞廳、夜總會、浴池、大中型建築工地之類場所都要 100% 提供安全套。同時公安機關不依上述場所內有安全套作爲賣淫嫖娼的證據」。

這則新聞又說：市衛生局、旅遊局、文化局等十幾個部門爲此還組成了一個全面推行安全套使用協調小組。

看來，這類場所 100% 放置安全套是有來頭的，但不知是這幾個局自己決定的呢，抑或市政府決定的呢？這個決定的有無合法性？頗值得懷疑。

在這裡我們暫且存而不論。就這個決定是否合理？可作些探討。

中國有句俗語：「兩利相權，取其大，兩害相較，取其輕」。還有一句：「有利必有弊，有弊必有利。」前者是利與弊（害）分明利是利，弊是弊，後者利弊混。利弊（害）混，這就要分辨和計算。這裡我們用得著功利論的理論，即用功利的觀點解決，我們的抉擇。

功利原則十分嚴格地指出，我們做一件事情所尋求的，總的說來，就是（善（或利）超過惡（或害）的可能最大餘額（或者惡超過善的最小差額）。這就是說，我們做任何一件事情，首先考慮的是有利，還是有弊，毫無疑義我們要做對自己有利的事，不會去做對我們有害的事，而且利越大越好。即爭取所謂利益最大化。

可是事情沒有那麼簡單，常常有利也有弊，這就不僅要加以分辨而也要加以計算。

其次，計算利弊得失，尋求利大於弊，利減去弊，所剩餘額還是利，而且利比較多，或比較大。那麼這件事，就可以做。它是符合人之常情，也是

符合功利論的道德要求的。

以此為準則，我們分析一下，北京市「各賓館飯店，歌舞廳、夜總會、浴池、大中型建築工地等之類場所都要100%提供安全套」的行為，對不對！是可行抑或不可行？

首先看在這類場所100%提供安全套的利是什麼？利有二，一是防止艾滋病的傳播，二是滿足一些人的性需求。此外還有第三條利嗎？沒有了。

那麼害（弊）是什麼呢？一是上述之類場所是公共場所，這些公共場所是100%放置安全套，不覺得荒唐可笑嗎？除中國之外，世界上還有哪一個國家是這樣做的呢？這給人的印象在中國賣淫嫖娼到處都是。二是給人錯覺似乎在上述幾類場所賣淫嫖娼是合法的，因為政府有提供100%的安全套，且這些東西不是作為賣淫、嫖娼的物證。這不是合法化又是什麼呢？

第三、造成執法混亂，前此有掃黃打黑的舉動，現在又來這麼一套，那麼「掃黃打黑」的事情現在還做不做？

這是對「掃黃打黑」的絕妙諷刺。

第四、政府若干部門做這種事情是不當的，浪費了人力、物力和財力。應把人力、物力、財力集中到要解決那些比這更重要的社會問題上，諸如增加教育經費，增加社會福利。解決就醫難，看病貴等問題。

第五、無形中削弱了政府管理社會的能力

該管的事不管，不該管的事卻管起來沒完，使用安全套，不是政府要管的事，這純屬私人事情，政府不可用管幼兒園的辦法，管理社會成年人。

這種問題，應由非政府社會組織去管理。還有對成年人來說，是一個行為自律問題他要對自己行為負責。

把上述「兩條利」與「五條害」相比較不言自明害大於利，故此在前幾種場所100%放置安全套是不當的，是做了不該做的事情。

我們回過頭來，再看哪所謂「利」的兩條，到底是不是利？

100%在那幾種場所，放置安全套，不可否認他們的初衷是防止艾滋病。這個目的能達到嗎？令人懷疑，因為傳染艾滋病的途徑很多，諸如輸血，共用針管（吸毒者）可見100%放置安全套，並不能100%防止艾滋病的蔓延。

再說安全套真的就那麼安全嗎？當今的中國假冒偽劣充斥市場，誰能保證安全套的安全呢？這裡難道就沒有假冒偽劣嗎？

可見在幾類場所100%的投放安全套，就防艾滋病而言，它的好處，它的

「利」實在太少了。少得可以略而不計。

就滿足一些人的性需求說，有關部門考慮到這一點，無可非議。問題是只提供安全套夠嗎？不夠，這個不夠，還需要有「安全場所」否則到哪裏發生性行為？

總之，這兩條利，實在說不上什麼利。若說一點利也沒有，那也不是，還是多少有那麼一點點。

說到害，上述五條。歸根結柢，就是一條，給中國抹了黑，賣淫、嫖娼比比皆是，而且受到法律的默認，甚至保護。這對中國來說，太不好聽，太不文明了。

這一害大大「超過了」利，故此在賓館、歌舞廳、夜總會、浴池、大中型建築工地等 100% 放置安全套是錯誤的，勞民傷財，有害無利。這就是結論。

那怎麼辦呢？怎麼做到可以防止艾滋病，又能滿足某些人群性的需求呢？

我看還是得深入改革開放與國際接軌吧，那就要設置「紅燈區」，千萬不要又要當婊子，又要立牌坊。什麼都可以接軌，為什麼這事不能接軌呢？據理我們是社會主義國家，不能搞這一套。此言差矣！態度還是放老實一點吧，還是實事求是為好，否則說一套做一套，就很可悲，也很可笑。外國人是人，中國人也是人嗎，為什麼外國人能做的事，我們就不能呢？就人的性欲說，沒有任何原則性的差別。幾乎都一樣嗎。

設置紅燈區一是滿足了某些人的性需求，使這些人的性行為得到正當的或正常的發泄。有利於防止性病特別是艾滋病的發生與發展。

二是妓女受到法律保護，不至於淪為性奴隸，受到虐待。人格人身權利受到保護。

三是開闢了一條新的就業渠道，使願意做這種事情的女性有一條生活出路。

四是國家增加稅收，還有利於社會和諧穩定，何樂而不為呢！

人活著，為什麼感到很累？

人的生活質量問題，是個值得用力研究的大問題。

現在人們普遍感到活得累，而且很累。

這種感覺從何而來？從解決吃、穿、住、行、用不易而來。這個似乎不是今人的問題，可以說古人也如此。

人們為吃、穿、住、行、用奔波奮鬥。從生至死，一以貫之。解決哪個問題，都要操心，費力，都要克服許許多多的困難，都要付出相當的代價，甚至巨大的代價。所以感到累很正常，不奇怪。

奇怪的是當今社會不是古代的農耕社會，也不是近代的工商社會，而是科技迅猛發展的信息社會。為什麼還活得很累呢？

就中國的當今社會而言，是工商社會，不是典型的信息社會。在毛澤東的那個時代，我們基本上是農業社會，兼有一定的工、商業規模。我們實行的公有制和計劃經濟。經濟、政治、文化、教育等都高度集中統一，無論什麼事情都是計劃範疇之中。例如，全國工資都是同一個標準，即便有差別，也微乎其微，大體上是一樣的。又如大學生統一招生，統一學制，統一課程內容，統一畢業分配。生活無憂，撐不著，餓不死。大家都有工作，都有飯吃，都有一定的居所，貧富程度都差不多。沒有壓力，沒有競爭，沒有額外的欲望，不必為明天升學、就業、置房子發愁，所以沒有感到活得累。

而今為什麼覺得活得很累呢？因為社會環境變了。工商社會，講究競爭，競爭充斥生活中的方方面面。時時、處處都在競爭，「優勝劣汰」。競爭失敗者，就被淘汰出局。

官員競爭，老百姓也競爭。大人競爭，孩子也競爭。小孩子從出生到幼

兒園，再到小學、中學、以至大學，大學畢業到工作崗位，哪一天不在競爭呢？競爭，就要勞神費力、動腦筋、動四肢，日日如此，月月如此，年年如此，這樣，人怎麼能活得不累呢？下面請看一個小學生寫的短文，「考試眞差」，《中國德育》2008 年第 1 期。

其次，欲望無限膨脹了。人若無欲望，無法活下去。欲望是人活動的原始動力，是實現某種目的、達成既定目標的巨大的力量的源泉。可是如今人的欲望，隨著市場經濟的發展、目不暇接的新商品的刺激，大大地被激活了。

欲望不斷擴大，不停地增長。爲了滿足欲望的要求，人們就得拼搏。

計劃經濟時代，人們欲望追逐的目標是「手錶、自行車、縫紉機」，即所謂「三大件」。

改革開放的初期有個所謂新三大件，即「收錄機、電視機、電冰箱。」

改革開放三十年後的今天，人們的欲望又升級爲再新三大件，這就是「汽車、房子、攝像機」。許多人因此成了車奴、房奴，借了若干貸款，還起來非常吃力，心裏焦灼不安，怎能活得不累呢？

第三，生活水準提高了，眼框自然也就高了。吃、穿、住、行、用講時尚，講品牌，講高檔，相互攀比，否則落伍於人心理失衡。

如孩子上學，要上好學校、名校，或一流學府。總之，升學、就業、參軍、提幹統統要找關係、託門子、走路子，送禮行賄在所不惜。就看誰神通廣大，誰有本事。這樣下去，活著不累才怪呢。

第四，假的東西太多。吃、穿、住、行、用，沒有什麼東西沒有假，「打假打不勝打」，欺騙比比皆是，「防不勝防」。在家裏呆著，騙子會找上門來，想都想不到的事情，卻時時有發生。人們常常提醒自己「小心上當」，公安機關在車站、碼頭、機場、商店、居民區等張貼警示廣告，「看好自己的物品，以防竊賊」。騙子、竊賊、小偷、強盜之多，由此可見一斑。故而人們彼此提防，失去了起碼的相互信任。這樣生活著，日復一日，年復一年，怎麼能不累呢？

人人都願意過幸福安康的生活，不會容忍惶惶不可終日地過活。那麼，怎麼辦呢？

請大家想辦法吧。

學習胡錦濤總書記關於榮辱觀的講話

胡錦濤總書記在今年三月兩會期間，提出「八榮八恥」為主要內容的社會主義榮辱觀。意義重大，影響深遠。

胡錦濤同志抓住了當前人民大眾普遍關心的社會現實問題，集中表達了廣大幹部和群眾的心願。講了「八榮八恥」即：

> 「以熱愛祖國為榮，以危害祖國為恥，
>
> 以服務人民為榮，以背離人民為恥，
>
> 以崇尚科學為榮，以愚昧無知為恥，
>
> 以辛勤勞動為榮，以好逸惡勞為恥，
>
> 以團結互助為榮，以損人利己為恥，
>
> 以誠實守信為榮，以背信棄義為恥，
>
> 以遵紀守法為榮，以違法亂紀為恥，
>
> 以艱苦奮鬥為榮，以驕奢淫逸為恥。」

這是對社會主義榮辱觀的精闢概括，旗幟鮮明、態度明朗，為我國社會主義道德建設和人格修養指明了方向。

我的體會是這八榮八恥，可以用四句話十八個字概括：「切中了時弊」、「抓住了根本」、「可圈可點」、「可信可行」、涵蓋了以下三個問題。

一、背景與意義

（一）對經濟建設與精神文明建設狀況分析

經濟建設成就輝煌，令人鼓舞。改革開放近三十年來，我國社會生活各方面都發生了翻天覆地的巨大變化。

　　國民經濟的發展，每年以 9%的速度增長，這是當前世界上任何一個國家所不能企及的。我們用了不到三十年時間，建成了一個經濟大國，成為世界第四大經濟體，這在西方看來是了不得的事情。

　　我們如今創造了許多世界第一，我們的鋼產量世界第一，外匯儲備世界第一，漢字激光照排技術系統世界第一，高原修鐵路世界第一，三峽水利工程世界一流，北京奧運場館建設技術、材料、工藝我們立了標準，創造了多項世界第一。

　　我們在宇航方面取得了卓越的成就，不久的將來就可成為宇航大國。

　　人們還記得毛澤東在 1965 年，在《重上井岡山》詩文中寫道：「三十八年過去，彈指一揮間。可上九天攬月，可下五洋捉鱉，談笑凱歌還」。

　　我們已經實現，並正在實現毛澤東的偉大理想。毛澤東領導我們推翻了「三座大山」、建立了中華人民共和國，使中國人從此站起來了。鄧小平、江澤民、胡錦濤堅持改革開放的路線，發展經濟、建設和諧社會，使我們中國人挺直了腰板，站立起來了。

　　看到這些，想到這些，我們熱血沸騰，歡欣鼓舞，為自己是一位中國人而感到驕傲，感到自豪。

　　可是，當我們審視我們的精神文明建設的狀況時，我們又感到十分遺憾。不，應該說，感到憂心忡忡。

　　這並不是說我們的精神文明建設沒有成績。成績是有的，我們黨可以說很重視精神文明建設，在 1986～1996 年這十年中，先後兩次以中共中央的名義，發布了《關於社會主義精神文明建設指導方針的決議》、《關於社會主義精神文明建設若干重要問題的會議》。2001 年又發布了《公民道德建設實施綱要》。請問世界上哪一個國家，哪一個政黨，像我們國家、我們黨這樣重視精神文明建設呢？可以肯定地說，沒有第二個國家或政黨能夠做到如此地步。

　　可是重視歸重視，實踐歸實踐，由於種種原因，精神文明建設不落實，一手硬、一手軟，即重視物質文明建設、輕視精神文明建設的現象，並沒有得到根本的解決。若說精神文明建設一點成績也沒有，那顯然是不正確的。成績是有的，但與物質文明建設的成就相比，不可同日而語，與精神文明建設存在的問題比，是微不足道的。

　　精神文明建設的成績，實在不值得誇耀，不僅不值得誇耀，而且問題成堆。實事求是地說，我們的社會風氣在敗壞，道德在淪喪，令國人憂心

忡忡。

（二）當前社會風氣敗壞，道德危機的種種表象

第一、假冒偽劣、坑蒙拐騙，無所不在、無時不有，幾乎成為一種社會頑症。吃、穿、住、行、用，沒有什麼沒有假。打假成績不大，甚至越打越多，屢打不止，屢禁不絕。老百姓發牢騷說：「世上沒什麼是真的，假的就是真的。」「只要媽是真的，爹是不是真的？也很難說了」。

假冒偽劣、坑蒙拐騙，不限於商品、貿易、金融、出版等領域，並且擴散到社會最神聖的教育和醫務領域。

教育亂收費全國第一大戶，中小學，甚至幼兒園，所謂優質校、重點校、名校，被炒得熱火朝天，以贊助、捐助為名，收刮家長的腰包。他們假借改制為名，辦校中校、班外班，或美其名曰公有私辦，目的在多收學費。北京一些名牌大學附屬中學，在全國各地「掛牌」經營，到處是他們的分校。教師們又不斷的編寫新教材、新課本、新輔導材料，辦各種名堂的班，諸如補習班、提高班、特長班、什麼奧數班、英語班、經典誦讀班等，這些班不能說一點好處沒有。但學校教師抓住家家戶戶一個獨生子女，家長「望子成龍」之心切，狠狠地賺，追求利潤最大化，致使一些家庭供不起孩子讀書，所謂「上學難」。故此有家長給老師起綽號叫做「眼鏡蛇」。

而在我們兒童、青少年那裡，卻失去了「快樂的童年」，他們每天讀書十幾個小時，星期六、星期天都在讀書、寫作業，他們活得太苦、太累了。大學情況稍好些，也不見得好到哪裏去。學生考試作弊相當普遍，學術腐敗也夠嚴重的。醫藥、衛生領域，現在也是銅臭滿天，「看病貴」已是不爭的事實，藥價虛高不降，醫院的藥比之出廠價高出數倍，數十倍，甚至上百倍，醫生收取「紅包」現象，相當普遍。醫院領導、醫生、藥房、醫藥採購員，狼狽為奸、串通一氣，坑蒙患者的事，屢見報端，看一次傷風感冒動輒三、五百元，甚至七八百元，害的患者叫苦連天。

醫院急診室因為錢不夠用，把患者拒之於門外的事時有發生。中國傳統醫德所謂「懸壺濟世」、「救死扶傷」不說蕩然無存，也所剩無幾。故此老百姓送醫生——美名曰「白衣天狼」。

這些醜惡的現象，黨和政府已經注意到了，並且正在採取措施，予以解決，如建「平價醫院」，恢復、重建農村「三級」醫療制度。限制學校亂收費等等。

　　第二、誠信危機。目前中國社會出現了嚴重的誠信危機。首先是信仰危機，人們不信社會主義、共產主義了。信物質第一主義，金錢至上主義。物質與金錢是人們生存、生活所必需有的東西，想多有些物質財富本無可厚非。問題是過分追求物質利益，追求金錢，勢必見利忘義、無所不爲。如今人們說：「前途、前途，有錢就圖。理想、理想，有利就想」。把金錢看得就比什麼都重要。相信「金錢萬能」，一切靠金錢開路，有錢能使「鬼推磨」、能使「官推磨」。

　　社會主義、共產主義的理想與信念，被一些人淡化了或者被遺忘了，或者被送進中國革命博物館「陳列起來了」。

　　爲什麼人們不信仰社會主義、共產主義？我以爲，不信是有原因的，然而是沒有道理的，也就是說沒有科學根據的。

　　中國在已故毛澤東那個時代，搞了一個不合格的社會主義，即貧窮的社會主義，急於求成，在社會生產力水平很低的情況下，宣佈進入社會主義，越過了不應該越過的新民主主義的歷史階段；蘇聯、東歐的瓦解，給人們的錯覺是「社會主義不行了」。又加上改革開放那麼多年以來，社會上相當多數的人沒有得到應該得到的實惠，改革的成果，被少數人得到了許多許多，社會兩極分化嚴重。下崗、失業、待業的人太多了。可見人們不信社會主義、共產主義是有原因的。也是可以理解的。但是卻是沒有道理的。沒有科學根據的。

　　社會發展的邏輯，歷史運行的規律是無法改變的，人類社會從原始公有制到私有制再到未來的公有制、這是規律，這是否定之否定的規律。世界大同，古今中國人一貫的追求，也是人類共同的嚮往。

　　實現世界大同，不是一蹴而就的，而是一個漫長的歷史過程。今天我們所做的一切，歸根到底都是爲了實現這一終極奮鬥目標、這一偉大的理想。

　　我們改革開放發展私有經濟，引進外資，不是放棄了我們的理想，而是以退爲進，不得已而爲之。我們今天發展私有制經濟，或者說發展資本主義，正是爲了在明天（有朝一日）消滅私有制，消滅資本主義，這就是生活的辯證法，歷史的辯證法。我們借助於私有經濟，西方資本主義的技術、管理與資金，發展我們自己的經濟實力，爲實現我們的理想，夯下堅實的基礎。如此而已，豈有它哉！

　　我們不是在口頭上喊共產主義、不等於不要共產主義了，而是「心中有

數」，「存而不論」。如果以爲我們黨放棄了我們的宗旨，於是眞心實意去幹資本主義、實現資產階級化，則是完全錯誤的，是方向性、路線性錯誤。一切共產黨員，必須保持清醒的頭腦，堅持我們的理想不動搖。

所謂信用危機，則是人們社會生活諸方面的來往，尤其是經濟、貿易、金融、信貸方面簽訂的「合同」、「契約」、「協議」，任意撕毀，或不執行。或利用「合同」、「契約」、「協議」進行詐騙。

所謂信任危機，則是人與人之間，互不信任，心理設防，唯恐上當受騙，時刻小心。老百姓對政府官員尤其不信任，認爲他們常常說假話，說大話，說空話，說了不算。

誠信危機，非常可怕，沒有誠信，人與人之間互相戒備、互相提防、社會聯繫、社會交往，就陷入混亂不堪的境地。

誠信是做人、做事、立國安邦的基本準則。必須在全社會重建誠信準則。

第三，貪污受賄空前嚴重，人數多，數字大，「成群」、「成片」，而且多爲官員，幹部。這是建國以來所僅見的。如今貪污幾十萬已經算不了什麼。幾百萬、幾千萬、幾億都不奇怪了，老百姓怒不可遏。他們說「是官就貪。大官大貪，小官小貪，無官不貪」。這句話顯然說過頭了，不那麼正確，但是多少有些道理。

這種狀況嚴重地損害了黨的威望，動搖了黨的執政根基。

第四，以權謀私，或以職謀私，相當普遍。在一些地區、一些機關，不顧黨紀國法，明目張膽，官商勾結，官商一體。如公安局辦駕校、官員開煤礦、辦企業。

諸如此類社會亂象，群眾十分不滿。其惡果是是非顛倒，善惡混淆、美醜不分，以恥爲榮。正不壓邪，邪壓了正，好人受氣，壞人張狂。這種現象，長期得不到解決，群眾對黨和政府失望，對未來失去信心。

（三）社會亂象產生的原因及解決的對策

上述諸種社會亂象的產生，不是偶然的，也不是不可避免的。那麼產生這種種社會亂象的原因是什麼？解決問題的出路，又在哪裏？原因，首先是政策、制度、機制、法律有些方面不完善，甚至有偏差，如以藥養醫，教育產業化等。

其次全民經商，一切向錢看，人人都在追求利潤最大化。這是「見利忘

義」，目無黨紀國法的根本原因。恰如孟子所云：「上下交征利，而國必危矣。」(《孟子·梁惠王上》)

再次是社會失範，失去了約束力。法律失控、法律作爲社會控製器常常失靈，失去應有的威懾力，人們不畏法，不執法。

道德失衡，道德是人內在的自律，簡言之，良心的指導與約束，現在許多人沒有良心，所以道德失去了應有的指導、評價、約束的作用，這樣人的行爲，就極端的自由化，「我行我素」。紀律失範，日常生活、公共生活，不遵守秩序，不按習慣或常規辦事。輿論失信，不相信媒體，不相信報刊，認爲除了年月日是眞的外，其它報導的那些東西，很難說是眞的。

再次，機構重疊，官員隊伍太大，組織不純。這是工作效率低，不負責任，以權謀私的根本原因之一。

解決之策：反省政策、制度等方面的問題，予以積極地糾正。教育、醫療、政府官員，必須無條件地退出市場領域，控制市場的無限擴張，須知市場不是萬能的，公共領域、公共產品、公共服務，不可以商品化。加強社會控制系統與調節系統的建設。例如強化法制觀念，加強執法力度，使人畏法。同時加強新道德規範的建設，使之入腦入心見行動，此外，還要強化輿論的作用，發揚輿論的威力，「千夫所指，無病而死」。

最後則是「精兵簡政」，合併機構，裁減冗員，建立精幹、高效、廉潔的政府。

（四）其意義

總書記關於「八榮八恥」的講話，可以說憂國憂民，用心良苦，很有針對性，很有現實性，很有藝術性，也很高明。反面問題，正面講。說他「切中了時弊」是說他講了老百姓的心裏話，反映人民大眾要求改變不良社會風氣的堅實意志，振奮了民心，鼓舞了正氣。

總書記這篇講話，把價值觀，人生觀，道德觀融爲一爐。既體現了我們民族的優秀文明傳統，又體現了時代精神，是精神文明建設的又一指導方針。

二、內容解讀

（一）如何理解「抓住了根本」

胡總書記關於「八榮八恥」的講話，不僅「切中了時弊」，而且「抓住了根本」。

　　為什麼說他「抓住了根本」？我們知道，要扭轉社會風氣的腐敗，道德的淪喪，從哪裏入手，從哪裏切入？就是一個關鍵性問題。

　　胡總書記從人的榮辱觀上入手。依我之見，這才是抓住了根本。趨榮避恥，這是人性使然。凡人都有追求榮譽之心，避免羞恥之情，這是人類行為的社會本能，巨大的動力。這也就是所謂行為趨向問題。

　　君不見「人往高處走，水往低處流」，還有「雁過留聲，人過留名」的民間諺語嗎？說的是人都願意留下好的名聲，願意取得讚譽，願意受到表揚。不願意受到批評、指責、更不願意遭受恥辱。恰如先秦時代荀子所說：「好榮惡辱、好利惡害，是君子小人所同也」。（《荀子・榮辱》）

　　胡總書記將「八榮八恥」讓人們劃清新的榮辱界線，從而讓人們在改革開放的條件下好榮惡恥，近榮遠恥，振榮抑恥。做到「八榮八恥」，道德品質的提升就是順理成章的事，黨風的端正就有希望，社會風氣的好轉就指日可待。

（二）什麼是榮、什麼是辱？什麼是榮辱觀？

　　所謂榮（譽），就是人們為國家、為社會、為大眾做了好事，或作出了貢獻，得到了群眾、社會或國家的肯定、表揚或褒獎，於是心裏高興，覺得很榮耀，很光彩，這就是榮譽。

　　所謂辱（恥），就是人們做了損害國家、社會或大眾的壞事，受到批評、指責或處罰，於是心裏感到內疚，感到慚愧，就是恥辱。

　　可見榮譽與恥辱，既是社會對行為者的一種客觀評價，又是行為者主觀的一種心裏感受。

　　所謂榮辱觀，就是對榮辱的系統的、完整的認識。時代不同、社會不同、民族不同，榮辱觀也就不同。換言之，榮辱觀是歷史的範疇、階級的範疇、民族的範疇。恰如恩格斯所言「每個社會集團都有它自己的榮辱觀」（《馬恩全集》第 39 卷，第 25 頁）中國封建社會以「金榜題名」、「高官厚祿」、「封妻蔭子」為榮，資本主義社會以擁有資本為榮、金錢的價值等同於人的價值。總之剝削階級以追求財富、權力和享受為榮，勞動人民不同於剝削者，以勞動為榮，以不勞而獲為恥。

（三）知恥的意義

　　恥，換言之就是羞惡之心。恰如宋代大儒朱熹所說：「恥，吾所固有羞恥

之心也。存之則進於聖賢，失之則入於禽獸，故所繫爲甚大。」（《四本章句集注・孟子・盡心上》）

恥，是做人的基本道德意識，道德情感，也是起碼的道德行爲準則，這就是所謂的「有恥且格」。

北宋思想家歐陽修說：「禮義，治人之大法，廉恥，立人之大節。」（《新五代史・雜傳》）宋代朱熹說：「人有恥，則能有所不爲」（《朱子語錄》卷十三）又說：「人須知恥，方能過而改」。「人不可以無恥，無恥之恥，無恥矣」（《孟子・盡心上》）先秦時代的管子說過「禮義廉恥，國之四維，四維不張，國乃滅亡。」（《管子・牧民》）可見恥，不只是立人的大節，也是立國的根本原則之一。

（四）社會的榮辱觀

什麼是社會主義的榮辱觀？

爲改革開放，爲貫徹科學的發展觀，爲祖國的繁榮富強而努力工作，積極奉獻，就是我們的榮譽觀。反之損害國家、社會和大眾的利益，爲了一己之私利而見利忘義，無視黨紀國法的行爲，則是恥辱。胡總書記講的「八榮八恥」，就是對我們社會主義榮辱觀的具體內容的高度概括。

其「八榮八恥」的深層內涵揭示如下：

「八榮八恥」，不可以僅從字面上理解。它的深層內涵十分豐富。從「八榮」說包含有立功、立德、立言三個方面。這是古今中國人一以貫之的追求，這是眞正有意義的人生。所謂「三不朽」是也。

爲社會主義建設、爲改革開放、爲振興中華，立功、立德、立言無上光榮。

胡錦濤同志講的「八榮」：

以熱愛祖國爲榮，以服務人民爲榮，這兩榮包含有立功之意；以崇尙科學爲榮（自然、社會、人文）這一榮包含有立言之意；以辛勤勞動爲榮，以團結互助爲榮，以誠實守信爲榮，以遵紀守法爲榮，以艱苦奮鬥爲榮，這五德包含有立德之意。這種理解不可絕對化，其中各榮可以互相轉化。

「八恥」，依我之見，包含有言行脫節之恥，過失之恥，罪行之恥三個方面。

這三個方面的恥辱，常見的是言行脫節之恥。許多人有這種毛病而不自覺。過失之恥，少數人有此類毛病，比較容易引起注意。極少數人有罪行之

恥，罪行之恥多爲人所避之。

言行脫節之恥，包含有說大話，說假話，說空話，說了不做。這是人性的一大弱點，有悠遠的歷史，可以說古已有之。

孔子說：「古者言之不出，恥恭之不逮也」。(《論語・里仁》)又說：「巧言令色，鮮矣仁」。(《論語・爲政》)「君子恥其言而過其行」。(《論語・憲問》)說的就是這種情況。「有其言無其行，君子恥之」(《禮記・雜記》下)

言行脫節，說一套，做一套總是錯的。但在特殊條件下，言行不一致可以允許，可以理解，也可以諒解。孔子說：「言必行，行必果，硜硜然小人哉」。(《論語・子路》)孟子說：「大人者，言不必行，行不必果，惟義所在」。(《孟子・離婁下》)但以此爲藉口，拿言行脫節不當回事，則是絕對不行的。

過失之恥，應盡量避免。過失之恥，是由認識不到位，或感情衝動，或行爲不檢點造成的。諸如出言不遜，性騷擾，小偷小摸等。

罪行之恥，多爲明知故犯，或鑽法律空子，爲一己之私利而不擇手段。諸如貪污受賄、假冒僞劣、坑蒙拐騙、殺人搶劫、嚴重的以權謀私等均屬侵犯國家、社會或大眾的利益，破壞社會安寧、秩序，製造混亂的罪惡行徑。

「八恥」之中，以危害祖國爲恥，以背離人民爲恥，以違法亂紀爲恥，這三恥包含有罪行之恥的意義；以愚昧無知爲恥，以好逸惡勞爲恥，這二恥包含有言行脫節之恥的意義；以損人利己爲恥，以見利忘義爲恥，以驕奢淫逸爲恥，這三恥包含有過失之恥的意義。當然這種劃分同樣不是絕對的。

（五）如何樹立起社會主義的榮辱觀

樹立榮辱觀，首先之點在道德教育，從養成教育入手即從孩童抓起。重在實踐訓練，從我做起，從身邊小事做起，從一點一滴做起。所謂「千里之行，始於足下」。「合抱之木，生於毫末」。關鍵從內心深處培養起「好榮惡恥」的情感，從行爲上持久不懈的堅持下去，久而久之，必培養起堅定的「榮辱」自律觀。

其次懲戒，即外部的懲罰，對恥辱的懲戒不可或缺，或輿論譴責，或行政處罰，或經濟制裁，或法律懲治。

以上所述，即「抓住了根本」。

三、怎樣貫徹、實施胡總書記關於「八榮八恥」的講話精神

總書記所言，之所以可圈可點，就在於旗幟鮮明、態度明朗，反對什

麼，提倡什麼，褒獎什麼，清清楚楚，大快人心，大得民意。

所謂「可信可行」，就是照總書記講話的要求去做，社會腐敗風氣的扭轉，黨風的端正，道德的昇華，人民大眾思想、道德素質的提高將指日可待。

（一）學習社會主義榮辱觀與保持先進性教育相結合。學習社會主義榮辱觀不能停留在口頭上、表態上、造勢上，應見諸行動。對共產黨員、領導幹部來說學習「八榮八恥」不能和老百姓一樣的要求，應高於對老百姓的要求。

我認為對黨員幹部的要求標準要高，但不要一步到位。先達到底線要求，然後才向高線目標前進。

所謂底線要求，起碼做一個好人。做和老百姓一樣的奉公守法的公民。不做特殊公民。取消特權思想，共產黨的所謂「官」，加引號的「官」，實際上是人民的公僕。為人民效力，為人民辦事，與人民大眾打成一片。

取消特權思想，淡化官本位觀念。例如坐車、住房，按規定辦，超標準就是特殊化，就是官本位的表現。

然而對一個黨員，一個幹部來說，做個好人是不夠的。要做好人中的好人，即先進分子或優秀分子。做好人是起碼的要求，但不可以停留此等水平線上，要用高標準，共產黨員的標準要求自己。

共產黨員、領導幹部是工人階級，人民大眾的先進分子或優秀分子。

何謂先進分子？就是事事處處走在群眾前面，做奉公守法的模範。做實踐黨章、黨規、黨法的模範。何謂優秀分子？就是品質優秀、德才兼備，為人處世的楷模。

試以集體主義原則的實踐為例：

把集體主義、化為公私關係加以說明。公私分明。嚴守公私界線，公是公，私是私，不以私犯公，這是底線。

公私兼顧。或以公為先或以私為先，但必須兼顧另一方，這是中線。

因公棄私。公共利益第一，大眾利益、國家、民族利益首位，公私衝突，棄私從公，這是高線倫理。

因公忘私，或大公無私，忘卻了私，把私置於度外，超越自我，這是高線倫理。境界高，可謂與天地共存，與日月同輝。

公私分明或公私兼顧是公民的標準，大眾的標準，好人的標準。黨員、革命幹部首先要做到這點，否則甭說黨員幹部就連一個公民都不合格。

　　黨員幹部不應停留公民道德水平上，要他們做到因公棄私或大公無私理所當然。這是高標準要求黨員、幹部，毫無疑問應做到這步。

　　先進就是光榮，就是榮譽。列寧說，共產黨是我們時代智慧，榮譽和良心的象徵。

　　因此，我們每一個共產黨員，都要自覺做到「八榮八恥」，這還不夠。還要進一步，還要做「八榮八恥」的模範，爲全社會樹立榜樣。

　　（二）學習、貫徹「八榮八恥」社會主義榮辱觀與學習中華民族的傳統美德，共產黨的傳統黨德相結合。中華民族有五千年悠久文明的歷史、文化遺產豐富多彩。

　　這裡僅就學習倫理文化遺產說一說。中華倫理文化的基本精神就是《易經》所說的「天行健，君子以自強不息」；「地勢坤，君子以厚德載物」。

　　「自強不息」、「厚德載物」就是博大精深的中華文化的精神氣質，或它的根本理念。用我們現代的語言表達就是「生命不止、奮鬥不息」。「任勞任怨、寬厚大度」這就是我們中華民族生生不息、綿延不絕的靈魂。

　　中華民族的傳統美德是什麼？

　　可以說眾說紛紜，莫衷一是。諸如「三綱」、「五常」。即君爲臣綱，父爲子綱，夫爲妻綱，仁、義、禮、智、信。又如「三達德」即智、仁、勇。「智者不惑，仁者不憂，勇者不懼」。再如「五達道」，即父子有親、夫婦有別、長幼有序、朋友有信。

　　還有「禮義廉恥、孝悌忠信」等等。我以爲「禮義廉恥、孝悌忠信」爲好，這是中國歷史上，明清兩代主流道德，既是國家倡導，又是民眾奉行的。

　　禮義廉恥，側重於人的內在德性，孝悌忠信，側重於人的外在行爲。這既有人的內在品質，對人、對事、對己的內在準則，又有對家庭，對朋友，對國家，對社會的外在行爲標準。

　　我們學習八榮八恥，還要與傳統美德中人格修養，諸如「愼獨」，「反省」「改過」相結合。

　　黨的優秀傳統，優良的黨德，有所謂延安精神、井岡山精神等。歸納起來，黨的「三大作風」即理論聯繫實際，密切聯繫群眾，批評與自我批評，就是優秀的黨德傳統。

　　「三大作風」之外，還有個人服從組織，少數服從多數，下級順從上

級，全黨服從中央。全心全意為人民服務。大公無私、艱苦奮鬥、忠於黨，忠於祖國，忠於人民，革命第一，工作第一，他人第一。戰爭時期，衝鋒在前，退卻在後；和平建設時期吃苦在前，得利在後等等，諸如此類都是黨德的傳統。

（三）學習社會主義榮辱觀與黨風廉政建設相結合。中紀委監察部 3 月 17 日發出通知，要求，紀檢幹部「認真學習胡錦濤同志重要講話，深入開展社會主義榮辱觀教育」。其中特別講到對黨員領導幹部的要求。「長修為政之道，常思貪欲之害，常懷律己之心」。

對黨的領導幹部來說，黨風廉政建設核心問題是「立黨為公，執政為民」。公權公用，不能公權私用。胡錦濤說：「群眾利益無小事」。關鍵是堅持做到「權為民所用，情為民所繫，利為民所謀」牢記「以服務人民為榮，以背離人民為恥」。

（四）學習社會主義榮辱觀與貫徹科學發展觀，改進日常工作相結合。

我們目前正在深入貫徹科學發展觀，就是說我們經濟的增長，不只是 GDP 的數字，更要注意質量。

把經濟增長與資源、環境、城鄉經濟結構調整、人民大眾的收入相協調和統籌。即均衡發展。而社會主義榮辱觀則為科學發展觀的構成部分，在貫徹科學發展觀的過程中，起著思想保障作用。

倘若只求經濟數字增長不顧環境資源的承載力，不顧人民生活的提高，搞什麼形象工程，政績工程，就是背離人民、危害國家，這絕對不是光榮而是恥辱。

我們要真心實意地貫徹科學發展觀、兢兢業業，盡職盡責，這才是我們的光榮之所在。

我們在自己崗位上改進作風，提高效率，做好工作，讓百姓滿意，讓群眾高興，這才是實實在在的榮譽。這樣人民大眾就會擁護我們、愛戴我們。

我是怎樣提出黨德第一規範
「立黨為公、執政為民」的？

記得在 1995 年 4 月前後，《光明日報》與農工民主黨中央宣傳部共同發起討論黨政幹部道德建設問題。

為什麼要討論這一問題呢？因為在發展社會主義市場經濟過程中，社會主義精神文明建設具有特殊的意義。其中黨政幹部道德建設則是核心問題。時任黨總書記江澤民同志，多次講到幹部道德修養問題。要求幹部、特別是領導幹部要做「有道德的人」，要「講正氣」，「要堂堂正正做人」，「應該自重、自省、自警、自勵。」

江澤民總書記關於加強幹部道德修養、提高幹部道德水準、做大眾表率的講話，是有強烈的針對性的，並引起了社會各界廣泛的關注。人們要求加強對幹部進行政治思想道德教育的同時健全管理、監督幹部的制度與機制、制定官員道德行為準則。

在這樣的大背景下，農工民主黨中央宣傳部長李漢秋約我與北大馬列學院程立顯教授合寫一本《幹部道德建設讀本》。我們三人曾經一起反覆討論書的編寫內容，尤其是其中的行為準則部分。我的意見，十條黨政幹部道德行為準則或規範，沒有被完全採納。但我確信，我的十條行為準則是正確的，是我多年觀察思考研究的心得體會。於是我把這十條投到河北省機關刊物《探索與求是》雜誌，題曰：《試論黨政幹部的道德建設》，於 1996 年第 9 期發表。

這十條黨政幹部道德行為準則，第一條便是「立黨為公、執政為民」，並從黨的理想、信念、宗旨上加以論證。因此可以說，我是黨政官員道德行為

第一準則「立黨爲公」的首倡者。

此後於 1999 年第 3 期山西省委組織部所辦《領導雜誌》期刊上，以記者訪問記的方式《子率以正，孰敢不正？》又一次重申了這 10 條行爲準則。並同時發表《黨政幹部道德詩》一篇。

1996 年前後，我還在中央黨校成人教育學院以 10 條黨政幹部道德行爲準則爲綱，聯繫中國歷史上及當代西方社會官員道德作了長達 3 個小時的報告。

此外，我還在《鄧小平理論研究》上發表過《試論黨政幹部道德之根本》，在《理論學習與研究》上發表《論當今共產黨人的道德價值觀》，《關於個人主義與集體主義之爭的若干問題的思考——兼論腐敗的思想根源》等若干篇文章收錄在《反腐敗縱橫談》（北京大學出版社 1994 年版）一書中。

2001 年 7 月 1 日，前黨中央主席江澤民在《慶祝中國共產黨成立八十週年大會上的講話》中說到「『全心全意爲人民服務，立黨爲公，執政爲民』是我們黨同一切剝削階級政黨的根本區別。」（見《人民日報》2001 年出版《講話》，第 27 頁）

中共 15 屆六中全會通過的《中國中央關於加強和改進黨的作風建設的決定》中寫道：「立黨爲公，執政爲民，是黨的性質和宗旨決定的，是黨的作風建設的根本目的。」

胡錦濤亦多次講到「立黨爲公、執政爲民」的問題。例如，他在學習「三個代表」重要思想理論研討會上的講話中指出：「『三個代表』重要思想本質是立黨爲公、執政爲民，學習貫徹『三個代表』重要思想，必須以最廣大人民的根本利益爲出發點和落腳點……」

第一，堅持立黨爲公、執政爲民必須落實到黨和國家制定和實施方針、政策的工作中去。

第二，堅持立黨爲公、執政爲民必須落實到各級領導幹部的思想和行動中去。

第三，堅持立黨爲公、執政爲民必須落實到關心群眾生活的工作中去。（見《在『三個代表』重要思想理論研討會上的講話》，人民日報 2003 年 7 月 1 日版）

這些是江澤民、胡錦濤從政治高度上講的「立黨爲公、執政爲民。」

從此，這一口號響徹長城內外、大江南北，成爲全黨全社會的共識。

下篇：未名湖畔的往事

壹、少年時代

魏英敏小傳

魏英敏，滿洲鑲紅旗人氏，滿文姓名那拉哈拉・振明（即那振明），中文姓名魏英敏。遠祖籍遼寧省新寶縣，祖籍遼寧省蓋州市熊岳鎮鑲紅旗村。出生地鑲紅旗小營子村。1935 年農曆 6 月生人。

一、祖、父輩人概況

祖父魏祿恩，人稱祿先生，前清同治年間人，生前做過熊岳鎮衙門普通小官員。父輩說，祖父在衙門裏「當差」，管熊岳城西一片滿洲旗人事務。祖父有頗高的聲望，十里八鄉，沒人不知道祿先生。大約 1953 年辭世，享年86 歲。

祖父膝下有三子，長子即我的大伯父魏文祥，光緒生人，生前學過生意，後當過偽日時期的村長，管小營子村和高家窩棚的事務，1985 年左右離世，活了 80 多歲。生有三個女兒，無子。

次子二伯父魏文貴生前是莊稼人，在家種田，有二子一女。長子魏振義，工人，次子魏振禮（已故），醫生。

三子父親魏文盛，生前是鄉村醫生，後去哈爾濱行醫。1950 年病故，約43 或 44 歲。

母親魏楊氏，1953 年病故，約 44 歲，農婦。父母膝下有三兒兩女。

長子胞兄魏振仁，採礦工程公司成本會計，大學生（哈爾濱大學，經濟學），當過解放軍，五七年錯劃右派，改正後，在家賦閒。大約 1995 年因病故去，享年 68 歲。

次子魏振智（即魏英敏），北京大學教授，早年畢業於中國人民大學哲學

系。1970 年 12 月調往北京大學任教至今。

三子胞弟魏振信，農民，自行車修理人，2001 年故去，享年 63 歲。

二、兄弟輩人概況

魏氏家族輩分次第：按祿、文、振、忠、勇排序，祖父輩分「祿」字，父輩分「文」，我輩分「振」字，以下是「忠」字和「勇」字。

長兄魏振仁（後改爲魏治國）之子魏忠正，現居四川省重慶市，膝下無子，只有一女兒。

二兄魏振義現居瀋陽市，膝下無子，有三個女兒。

三兄魏振禮（已故）有一子魏晉（擬改魏忠晉），現居黑龍江省哈爾濱市，省醫院會計，其子魏勇鑫現爲哈爾濱中醫藥大學學生。

本人魏英敏（魏振智）有一子魏大鈞（擬改魏忠鈞），現居北京市。魏大鈞無子女。女兒魏欣現居美國拉斯維加斯，其有一子魏新華（英文名西摩斯）。

五弟魏振信（已故）有二子，長子魏曉輝（擬改魏忠輝），次子魏曉強（已故），還有二個女兒。魏曉輝現居遼寧省蓋州市蘆家屯鎮，有一子一女，子名魏？（擬改魏勇銘）。

三、本人家庭成員概況

妻子李國秀，北大哲學系教授，從事大學教育 40 年。教授自然辯證法、科學技術哲學，著有《科學的視角》、《牛頓小傳》等。

兒子魏大鈞（魏忠鈞），中學畢業於北京 101 中學，大學畢業於北京對外經濟貿易大學外貿德語專業，大學 4 年級（5 年制）即已翻譯美國蓋洛普民意測驗權威著作《他們爲何出類拔萃》，1990 年北京大學出版社出版，校對者是譯者的英文教授，時爲對外經濟貿易大學校長的孫維炎先生。這是一本調查美國各路精英分子事業成功的著作。魏大鈞目前是私企的經營者。

女兒魏欣，中學畢業於北京大學附屬中學，大學畢業於北京大學英語系，學生時期得過奈特翻譯一等獎（中譯英），畢業後就職於中國人民銀行 PS 處，期間得到銀行資助，赴美國威廉瑪莉學院深造兩年，獲碩士學位（社會政策專業）。在銀行總行工作十七年，於 2008 年辭職，現定居於美國拉斯維加斯。有譯著《毀滅的記憶》，由國內三聯書店出版。

本人 1960 年畢業於中國人民大學哲學系，畢業後先後在系哲學教研室作

助教，校團委作宣傳部長。1970 年調北大哲學系工作，先後任教員、講師、副教授、教授。長期擔任倫理學教研室主任，中國倫理學會常務理事、副會長（二十年），北京大學紀委委員（12 年），系總支副書記。

著作主要有：《倫理學簡明教程》（合著，第一作者）、《當代中國的倫理與道德》、《倫理、道德問題再認識》。

主編：《新倫理學教程》、《毛澤東倫理思想概論》、《倫理學百科全書·職業倫理學卷》。

文章：數十篇，包括《倫理學基本問題之我見》等。

我的身世

本人滿族，即滿洲八旗鑲紅旗，本姓那勒哈拉氏，即姓那勒，複姓魏。生於遼寧省蓋縣（現為蓋州市）熊岳鎮東南九壟地鑲紅旗小營子村。

我們這個村的自然環境相當幽美。鑲紅旗小營子村位於哈爾濱至大連鐵路線的西側，東面是起伏的丘陵地，西面則是波濤滾滾的大海。

為什麼我要提到熊嶽城呢？這裡有個動人心弦的傳說。

火車路過這裡，從車窗東南方向望去，老遠就看到一個不算高的山上站有一位手拄拐杖的老人，眼望著山腳下一條流向西方大海的河流。

據說，在很古很古的時候，有一個年青人離家外出求學，從這條河裡乘船遠去。他的年邁的母親掛念兒子，盼望兒子早日學成歸來，可是她等啊，等啊，總是沒有消息。於是老人家手拄拐杖爬到山頂上，站在那裡一動不動地望著大海。終於有一天，她老死在山頂上。村裏人感動不已，為紀念這位望子成龍的母親雕塑一尊石像，立在山頂上。

這的確是神話傳說。好像上個世紀七十年代，我回故鄉，特意登上望兒山前往拜謁這位令人尊敬的老人。登到山頂一看，原來是一座石製的一人高左右的和尚墓，石質的老婦人的雕像沒有見到。

但到如今人們乘火車去大連，或站在山下的平原上向山上望去，依然可見到一位老人手拄拐杖，望著遠去的河流與大海。

山不高，和北京西郊的玉泉山差不多，山上有不算高的小樹、綠草，山體的石頭似乎風化成片狀，且一層一層的有沖刷的痕跡，還有貝殼在裏面。所以可以斷定，這裡從前是大海。

我們家住的小營子村，是從鑲紅旗分化出來的，可以算作是衛星村吧。

村子不大，可能有「百八十戶」的樣子，村子中幾乎都是滿洲旗人，趙姓、何姓是大戶，我們魏姓是中等戶。在鑲紅旗村我們是大戶。後來漢族人遷入，所以日久天長成了滿漢雜居村。

我們祖父輩的家在小營子村東，在一條街心路的東側，故此又稱「動地老魏家」。

這裡住著我的祖父與叔伯祖父一家。我們家是一個完整的院落，院子有坐北朝南的五間土坯房，還有東西廂房。有馬廄，又有豬圈。大門外有一棵碩大的柳樹，幾個人手拉手都抱不過來。樹冠之大，在幾裏外都看得見。在小營子村正南，是鑲藍旗村。站在鑲藍旗村向北望去，別的房屋見不到，只見一棵郁郁蔥蔥的大柳樹，這就是我們家門前的大柳樹，也可以說小營子的「標誌物。」

夏天在大柳樹下乘涼十分愜意。我的母親與伯母們常坐在樹下，邊做針線活，邊聊天。

我們院子正前方是一片菜園地，裏面種有茄子、黃瓜、西紅柿等，大約有一畝多。菜園地正前方有一排楊樹，樹下有一條河溝，東西向，下雨時小河溝的水就滿了。我們房子的後面，有一排整齊的杏樹，再往北是好大一塊莊稼地，種著玉米。玉米地外是一條斜著的壕溝，壕溝上面密密麻麻地長著槐樹。我們院子的西側有小片莊稼地，東側有「25龍地」，再往東側就是我們的賈姓古親。這是我兒時的記憶。

我的故鄉是一片平川地，這裡盛產蘋果，是蘋果的故鄉，「國光」、「黃奎」（黃元帥）遠近馳名，高果、芥子、棉花，應有盡有，靠近渤海，我家離渤海灣不到三華里。兒時的我，跟著媽媽去海上採購，當海水退潮的時候，我們走到離海邊不遠的泥沼裏，就可以感到有東西硌腳，彎腰下去，用手挖到蛤蜊，用小鎚敲打石頭上的殼硝，就可以收到蜊黃，然後再買一些螃蟹回家，美美地吃上一頓海鮮。童年的幸福生活，令我回味無窮。

我的祖父魏綠恩，人稱綠先生，活了80多歲。他很可能是前清同治年間生人，大約上個世紀60年代因病故去。

我見過祖父、祖母。祖父有點文化，當過清兵。小時候，記得祖父還有一頂紅纓帽，那是清軍士兵的帽子。我的祖父在熊岳鎮衙門「當差」，是個很小的官，連個九品也不是，大概相當於現在鎮下的大村的村長，那時叫「村董」。他大概是鑲紅旗的「村董」。

祖父在當地頗有名望，七里八鄉，沒有不知道綠先生的。

我聽舅父說，我的爺爺有威信，為人正派、公道，為百姓辦事認真負責，體諒群眾疾苦。我的舅父講給我兩個故事，令我記憶深刻。

他說，有一次我的祖父去熊岳衙門辦事，一進院，見柱子上捆綁著一個人。這個人一見我的祖父，便大聲說：「啊，我的舅舅進來了。」衙役聽了，便解開繩子放了這個人。我的祖父落座之後，便問道：「外面捆綁的這個人是誰？」回答說：「那是個小偷，說是您的外甥。」我祖父說：「我沒有這個外甥啊，我根本不認識這個人。」

還有一件事，我外祖父家蓋新房子，當地叫「海清房」，磚石結構，窗戶以下是石塊砌，窗戶之上是青磚、玻璃窗，房頂是灰瓦，相當於現今的磚石房。房子蓋了八成，缺錢，眼看著要停工。我的外祖父步行20餘里，從仰山村趕到我們家，這時已是「掌燈」時刻，即天黑了。外祖父給我祖父說：「親家，幫個忙吧，想辦法幫助借點錢把房子蓋好。我祖父慷慨應允，出去到村子跑一圈，不到「兩袋煙」的功夫，即籌措十幾塊大洋（即銀元）。

這兩件事，足以見證我的祖父是個有威望、有信用的人，人們信得過他。

我祖父有土地十天（5畝為一天），有土坯房5間，還有東西廂房，是本村中等人家，相當於「中農」。分家時，我們分得三天地，即15畝。

我祖父膝下有三子二女。我大伯魏文祥年輕時學做買賣，即在商店當學徒。二伯父魏文貴在家務農，我父親排行老三，去瓦房店跟化喜庭先生學中醫。

大伯父在日偽時期做過村長，管小營子村與高家窩棚的群眾的事務。

我二伯父是個地道的莊稼人，會趕車，車的馬鞍子、籠頭、鞭子，都很漂亮，帶著紅纓，趕起車來很「神氣」。他還會垛垛，把收穫的高粱頭（沒有打籽粒）垛起來，像蓋房頂一般，不會漏雨。

我大伯父無子，有二個姑娘，我二伯父有兩個兒子一個女兒。我父親一家有三子二女。

我二伯父的大兒子名魏振義，是個工人，在瀋陽飛機廠工作，他有三個女兒，無兒子。我二伯父第二個兒子魏振禮，畢業於哈爾濱醫科大學，生前在黑龍江省醫院做外科主任，後到省衛校做教務主任，他有一子一孫。

我們家大哥魏振仁，解放初參軍，讀過東北軍政大學，是解放軍連級幹

部。後又讀過哈爾濱大學經濟系，自學成才，達到成本會計水平。1957 年錯劃定為「反蘇親日」右派分子。後平反，在家賦閒。終年郁郁寡歡，大概活了 60 多歲，膝下有一子魏中正，二女兒。

我本人有一子一女，兒子魏大均，女兒魏欣。兒子北京對外經濟貿易大學三系外貿德語畢業，目前做貿易工作。女兒魏欣北京大學英語系畢業，在美國威廉馬莉學院社會政策系碩士畢業，曾服務於中國人民銀行，做過外事處處長。現定居在美國。

我的妻子與我同學又同事，她也是北京大學哲學系教授，教授馬列經典與自然辯證法。

我的老弟魏振信，60 左右病故，生前有二子二女。大兒子魏曉輝，個體戶，有幾臺汽車，跑運輸。兒子不成才，早年病逝。魏曉輝有一子一女。

回頭再說我的老家，我們在老家不富有，但有房子，有土地。我父親在鄉間行醫，開一個小藥店，設備齊全。後來離開故鄉，經友人介紹去哈爾濱北拜泉縣行醫，後又到哈爾濱三棵樹行醫，是坐堂醫生，即在人家的藥店裏診脈、開方子，病人多、開方多，就多掙錢，否則就沒有收入。屬於「計件工資」吧，工資收入微薄，生活不富裕。我父親把我們接到哈爾濱三棵樹，全靠父親的工資收入，生活拮据，立刻陷入困境，老家當年的小康生活一去不復返了。後來我父親把我們送到哈爾濱遠郊區雙城縣，滿人集居地，投奔我們「一家當戶」去了。父親和姐姐 1950 年病故，母親 1953 年病故，從此，我們兄妹成為無家可歸的人。不久我的弟弟前往四川，奔我大哥那裡，做地質隊的臨時工。我妹妹先奔我大哥，在鶴崗煤礦做清潔工，大哥調四川後，我妹妹孤身一人，生活艱難，碰見一個好心人，說合嫁給礦工劉芳。

我家的歷史變遷不堪回首。由小康變窮困，由窮困變得「家破人亡，」內心的創傷、精神的痛苦，無法用語言表達。但我很有志氣，奮發圖強，堅韌不拔，終於徹底改變了面貌。人活著總是要有一點志氣、有不屈不撓的奮鬥精神，否則無法改變命運。

我們家族，父輩不夠團結，主要因為祖父這點土地遺產的分配問題。其實依我之見，我們與大伯父、二伯父分的土地一樣多，「三三見九」，應當說是公道的，不應當有什麼問題。祖父自己留一天，即 5 畝養老用。

我的父輩之間不夠團結，但遇到艱難之事，還有兄弟之情的表現，能夠給予必要的幫助。平日都是自己過自己的日子。

　　到了我們第三代，親叔伯兄弟 5 人，範振字。按仁、義、禮、智、信排序，我的親哥哥振仁，二哥振義，三哥振禮（二哥、三哥是二伯父之子），本人排行老四，名振智（後自己起名英敏），老五即我的胞弟振信。我們親兄弟五人，就屬老弟「命苦」。我 15 歲父親故去，18 歲母親故去，那時振信 13 歲或 15 歲，從小失去父母，在外做工，文化很低，只有小學三、四年級水平，認字，會寫信。他本人勞苦一生，不幸得很。終年勞作，不知休息，不會娛樂，只知幹活，像牛一樣，也不會管教子女。除操心勞力之外，沒有享過一天的福。晚年患了肝病而故去。

　　我親叔伯兄弟 5 人，非常友好，非常團結，如同親兄弟一般。二個叔伯哥哥、嫂子對我們都很好，我們對他們也很不錯。

　　幾乎每個人都有家庭，都有兄弟姊妹，都有親戚朋友。如何對待他們，這是一個不可迴避的問題。

　　我的體會，要講一個情字。對父母要講親情，對妻子要講愛情，對兄弟要講手足情，對朋友要講友情。

　　親情、愛情、手足之情、友情，此外還有族情、鄉情，總之這個「情」字絕對不可少。就是對陌生人也要有必要的情義。

　　一個人生活於社會之中，解決吃、穿、住、行、用很不容易。首先要經營好自己的生活、自己的家庭、即妻室兒女的生活、父母的生活。其次，對兄弟姊妹的生活要給予足夠的關心與幫助，切不可不聞不問。

　　講「情」先近後遠，先親後疏，合乎人之常情。「情」總是要講的，不可不講。不講就沒有人味。

　　在我的一生之中，遭遇許多不幸與困難，凡幫助過我的遠親近鄰、親朋好友，我總是不忘他們，並努力報答他們。感恩是我終生牢記的一條生活原則。「施恩圖報非君子，知恩不報是小人。」這話不時縈繞在我的心頭。

母親留給我的遺產

　　2005 年清明節，我回到闊別 49 年的第二故鄉，黑龍江雙城縣蘭陵鄉鑲藍旗四屯，給我的母親掃墓。

　　我母親告別塵世已經 52 年。悠悠歲月轉瞬即逝，不知不覺 52 年過去了。我在侄子和同族孫子的陪同下前往村子東北方，原先的自家地（土改時分得三十畝地之一）尋找母親的塋地。墳塋早已不復存在。我放眼四望。依據記憶中的方位跪下、燒紙、上供。以示懷念生我養我含辛茹苦，把我拉扯大的母親。我含淚祝願母親在另外的一個世界裏生活的好些，生活的快樂些。

　　當我跪下、燒紙、上供那一刻，撫今追昔、感慨萬千。我十分內疚，愧對母親的撫養。他老人家咽氣的時候，我沒在她身邊，入殮下葬時，我也不在，當時我在哈爾濱八中讀書，報到一周後回家，探望病中的母親，沒曾想她已故去，回去之見到一座黃土堆起來的墳丘。我們的遠親近鄰、和我的弟弟妹妹把母親安葬了。

　　我是不孝之子沒有盡到一個兒子的責任，沒有陪伴即將辭去的母親，沒有盡到養老送終的為人之道，嗚呼！悲哉！

　　母親逝世近 50 年，母親的模樣已記憶不清。但母親的教誨卻使我終身難忘。母親是典型的農村婦女，目不識丁，沒有讀過書，但不能說她沒文化。母親的一聲是勤儉的一生，勞苦的一生，任勞任怨的一生。她寡言少語，從來不怨天尤人，與親友鄰居都處的很好。心地善良，為人厚道，同情別人。左鄰右舍都說「魏老太太，人緣好！」

　　我母親留給我的深刻印象，是勤勞節儉過日子。我親眼見到母親給我們

做飯做菜常常是飯菜一鍋煮，柴火放到鍋底，苞米餅子貼在鍋的四周，這樣做爲的是省燒柴。可是她又是怎麼燒火做飯的呢？用手擎起玉米稭，高梁稭之後讓他盡量靠近鍋底。

她白天到地裏做莊稼活，諸如鋤草、收割、打茬（割完玉米、豆子留在地上的低矮部分），晚上點上油燈做針線，納鞋底，上鞋，縫衣服。眞是「新三年，舊三年，縫縫補補又三年」！直到深更半夜她才休息。這樣終年勞苦但沒有一句怨言，她已經習慣了。默默地忍受這一切。記得母親告訴我，她是我外祖父家中的老大，她還有三個兄弟，兩個妹妹，在家做姑娘時，幫我外祖父做事，做農活，做家務。出嫁以後到了我們魏家的時候，依然是個受苦受累的命。我父親排行老三，在農村行醫。叫我母親「三媳婦」與我大伯母、二伯母同住在一個屋檐下。我們滿族人規矩大。每日晨須向祖父母請安，沏水倒茶，端洗臉水。晚上送火盆、鋪被褥。農忙時請長工，要給長工做飯，要伺候父親、伯父與長工們用餐、最後母親、伯母與孩子共同進餐，多半吃剩飯剩菜，剩下一點點好吃的東西，又要挑給孩子吃。這是我母親年輕的清苦生活。

因父親在哈爾濱三棵樹行醫，隨後舉家遷移到此處，後因城市生活不好維持，我們又搬到雙城縣蘭陵鄉廂蘭四屯生活，因爲那是我們滿族聚居地有一家當戶可以照顧我們。

土改末期分得三坰地（一坰合十畝）。母親經營這塊土地，我們同她一起起早貪黑的勞作，農忙時也請親友幫忙，父親1953年病故，從此家裏的重擔落在母親一個人身上。我的大哥參軍在外地，根本照顧不了家庭。她要養活我們三個孩子。我記得母親沒有過過一天好日子，一生清貧如洗，晚年貧病交加，十分的凄苦，令人心酸落淚。

記得母親晚年病得很嚴重，俗稱「倒開花」（經血不止）可能是怪病，無錢醫治，用包袱皮，緊緊地紮緊腰部，還到田裏勞動，多麼可憐，多麼悲慘啊！勞苦的農婦，有病無錢醫治，只好等死啊！

母親對我身教多餘言教，他的勤勞節儉和任勞任怨，在貧困、病魔面前不屈服，頑強生活的精神給我的薰陶和教誨，永遠刻印在我的腦海裏！

母親不善言談，經常寡言少語，然而她向我們兄妹傳授過生活的眞諦，我們永生難忘，她不止一次的說過，「寧起三個早，不求別人落下風」，這話的道理很明顯，就是要自力更生，依靠自己的努力創造生活，不要有任何

依賴別人的思想。這種觀念影響了我的一生，我一生奮鬥不息的精神就來自這裡。

母親臨終前。曾對我說：「妹妹出嫁之後，你要時常接她回家，住住娘家」，這話我永遠也無法實現了，沒等我成家，我妹妹生下一個兒子，因肺結核病就撒手人寰了，告別人世，那年她大約 23 歲左右。

母親這話的意思就是要告訴我們不要忘記骨肉親情，手足兄弟姐妹一奶同胞血濃於水啊！這個世界上有什麼比骨肉之情、手足之情還重要的親情嗎！沒有，沒有了！

我因此也非常注意我們的兒女之間的兄妹親情的培養和教導，天下父母對子女的疼愛是一樣的，但母親的愛是偉大的，是無私的，不圖回報的。天底下不為自己著想，總是牽掛兒女，這個人一定是偉大的母親。

母親病重期間，我已考上高中，但我沒有及時報到，心裏想，等母親病情稍有好轉我再去報到吧，母親一再催促我趕緊上學，她有氣無力的說，「你去上學吧，你在家守著我，我得死，你不守著我，我也得死」我知道我的病好不了了，你守著我恐怕要耽誤你的前程，孩子你去吧！」

我母親臨終前腦子非常清醒，念念不忘的是兒子的前程，而非自己病痛和自己的後事，多麼崇高聖潔偉大的母愛啊！

母親對我的疼愛，我銘刻於心永誌不忘，每當想起這些，再也無法聽見老人家的話語，我就十分難過。

母親長眠地下如果她在天有靈的話，那麼她多少會有一些安慰，就是她疼愛的兒子終於長大成人了，從一個人無知少年成長為全國最高學府北京大學的一名教授。

回憶我走過的人生之路，我身上的許多長處，好的品格諸如節儉勤勉、待人熱情、樂於助人無疑來自母親的言傳身教。

母親的品格，母親的為人，是她老人家留給我的一筆寶貴的精神遺產，這筆遺產使我終身受益無窮。

去哈爾濱讀高中

記得 1953 年的秋天，大約九月底十月初，我含淚告別即將離開人世的母親去哈爾濱八中報到。當時我的母親重病臥床（火炕），有氣無力地對我說，「孩子，你快去上學吧，別在家守著我了，你守著我我得死，不守著我我也得死！別耽誤你的前程啊！」

聽著母親的話，我潸然淚下，思想矛盾得很！面對不久於人世的母親，我怎麼捨得離開她老人家呢。

終於在母親的說服下，我狠心離開了家，離開了我不該離開的母親。沒曾想，這一離開竟是與母親的訣別。今生今世再也見不到我親愛的媽媽了。我離開後的第三天或第四天，我的母親就咽下最後一口氣。十天後當我回到廂蘭四屯我的家中，我見到的是屯子東北方孤零零的黃土墳堆，我跪在母親的墳前痛哭一場。

我離開家的當天中午到了哈爾濱道外第八中學，我風塵僕僕的找到學校教導處。教導處主任丁在中老師接待了我，我說明因母親生病報到遲到，請老師諒解。丁老師聽我述說是來自雙城縣農村的一個學生，手裏一文錢沒有想讀高中。他認為這是很困難，幾乎是不可能的事情。於是很幽默地說，「我們是手指頭卷煎餅，各人吃各人的，你沒錢怎麼讀書啊？」我回答說，「我知道共產黨領導的人民政府設有助學金，我申請人民助學金可以吧。」他說，「助學金為工農子弟設的，你是工農子弟嗎？」我說我是貧農的兒子，並把證明信給他看，還有條件申請的吧。他說：「好吧同意你入學」。

我問明了教育局的地址，乘摩電車（即叮噹車）到了哈爾濱南崗市教育局。中教科一位戴眼鏡穿著妮子制服的幹部，名字叫謝小仙的同志接待了我。

我說明來意後，他看了村政府的介紹信，二話沒說在辦公桌上拿起一張宣紙，用毛筆寫著，大意是「丁在中同志，茲有雙城縣立志村廂蘭四屯貧農子弟魏英敏，准其入學請給予甲等助學金以解決生活之難。」

我高高興興的回到學校，見到了丁主任，他立即電話通知了總務幹事，給我發了 8.5 元的餐券，送我到道外南頭道街八中宿舍區住下，這樣我就進入了哈爾濱第八中學，編入了高中一班。

這是我走出黑土地邁進北京城具有決定意義的一步。

我們老家有句諺語，「女大要浪，男大要闖」，意思就是說，女子大了要梳妝打扮，以引起男子的注意，招人愛，這樣就可以找到好丈夫，過上好日子。男子要闖蕩，到外面去闖世界，總是在家裏蹲竈炕，一輩子沒出息。

這話說的不無道理，命運總是掌握在自己手裏，不論男女，都要有一種闖的勁頭，一種勇敢地奮鬥精神。我就是憑這種精神，從一個幼稚的青年成長為一名大學教授。

懷念我的班主任

　　每當想起，我中學時期的班主任康世琴老師，不禁淚流滿面。記得 1953 年的深秋，哈爾濱的天氣日漸寒冷，失去母親，沒了家庭溫暖的我，格外顯得孤寂。可是，我萬沒想到，我的班主任語文老師康世琴，竟把她身上穿的一件雙排扣的列寧裝棉上衣脫下來披在我身上，頓時一股熱流湧入胸膛，兩眼充滿了淚水。

　　這是一種偉大的母愛，世上只有母親對自己的兒女才能這般疼愛。康老師教我們語文課，她兢兢業業用心批改學生的作業，課堂上還經常講解作業中的問題，一絲不苟的糾正我們的錯誤。

　　記得一次康老師讓我們寫詩，好像是期中考試，我是最後一個交卷的，我不善寫詩，寫起來很費勁，但我很認眞，決心寫出好的成績，康老師說，別的同學都交卷了，看來你非拿下 5 分不可！我陪著你吧。老師的幾句話令我感動，可見她對學生的一片愛心。

　　康老師是一名優秀的語文教師，後來調到哈爾濱六中。這是一所新建的重點中學，大部分是幹部子弟，臨行前她對我說，你留在八中好好讀書，別跟我去，那裡不是一般工農子弟讀書的地方。我非常感激康老師對我的關照，她看出我對她的依依不捨的感情，她還叮囑我說，新來的李文彬老師是一位很好的語文老師，舊中國北京朝陽大學法律專業的畢業生，要我們好好跟李老師學習。

　　後來康老師又從哈爾濱六中調到雙城縣的北麟中學，這是一所黑龍江省著名的重點中學。1957 年反右派，康老師不知說了什麼錯話，竟也被打成了右派。她受不了這樣的屈辱，竟然在她的宿舍裏立起單人床，把繩子捆縛在

床腿上，頭上戴了一朵大紅花，上弔自盡了。當我知道這一切心裏特別難過，當時康老師很年輕，大概有 35、36 歲吧。她應該活著，應該為國家培養更多學生，可惜無情的政治運動奪去了她年輕的生命。

生命對一個人來說是最寶貴的，生命只有一次，他這樣早的辭世令我心寒，令我痛苦萬分，我只能在心裏默默地祈禱，她在天國能得到公平的待遇，過上舒心的好日子。

在那個階級鬥爭年年講月月講天天講的日子裏，我這個異常坦率的年輕人也許只能把話深深地埋藏在心底，不能表露出來，包括任何同情的心情。階級鬥爭的觀念深深地害了我。「爹親娘親不如黨親，親不親階級分」，人在那樣的環境裏完全喪失人性，人只有階級性和黨性。

我還聽說，康老師的丈夫也是一位中學語文老師，他服務在黑龍江省勃利縣中學。為處理康老師的後事，他親自到了北麟中學，據說他在全校師生批判右派分子的會上，與康老師劃清了階級界限，一口一個右派分子，除了表達痛恨之情外別無其他。「一日夫妻百日恩」，恩都到哪裏去了！想來也怪不得她的先生，在那個年月裏，家家如此，人人如此。康老師沒有後人，我知道他有個弟弟，家裏的父母在哪裏不得而知，她好像是長春一帶人。

十一屆三中全會以後，平反冤假錯案，康老師也應該在平反之列。2007年我曾回到我的第二故鄉哈爾濱郊區雙城縣，並親自回到闊別 40 年的初中母校北麟中學。本想到康老師埋葬的亂墳崗，上墳燒點紙錢以示哀悼，這一切都不可能了，亂墳崗在北麟中學的正前方一個小公園的牆外，斗轉星移，人世滄桑，隨著時間的流逝，許多事情變得淡忘，唯我的恩師康老師的屈死我永遠都不會忘記。

康老師的為人為學，永遠留在我的記憶中，我與康老師相處一年左右的時間，她留給我的印象深且遠。作為一名教師要愛護學生，關心他們的學業與成長，康老師的仁德給我的重要影響，在我 40 年的教學生涯中我問心無愧的說，我繼承並發揚了康老師的這種精神。

貳、所作所為

我與哲學系「反黨小集團」的交往

　　北大哲學系 1957 年反右鬥爭，有一個反黨小集團其成員有三人，即金志廣、王雨田、張吉安。

　　把這 3 名同志打成「反黨小集團」，就是因爲他們給當時哲學系黨總支部書記王慶淑意見提了意見說她有官僚主義，作風不民主，對同志不能一視同仁。這些都不是什麼原則問題，但當時卻不可以。

　　對黨的負責人有意見，就是對黨有意見。反對總支書記，甚至反對支部書記。就是「反黨」。

　　這是「以言治罪」很典型的事例，不過在那個階級鬥爭爲綱的年代，不是個別現象，而是普遍現象。

　　當我負責爲這些人作「平反改正」工作的時候，我深深地感到這些被冤枉的同志，太值得同情了。20 多年來不斷受到批判，工資取消了，只發生活費，生活陷入貧困之中，不能養家糊口，長期在農村勞動，接受監督改造。精神、心理受到摧殘，歧視與虐待，可想而知。

　　金志廣「平反」以後，一次把 20 多年的黨費全部交清。教學極爲認眞，經常深入學生宿舍輔導。沒有怨言，沒有牢騷，勤勤懇懇地工作，給我留下深刻印象。

　　他請求我幫他尋找離散 20 多年的親生女兒金鷹。他告訴其前妻在北京對外經濟貿易大學，教法語的，他的女兒隨養父付先生姓。

　　他說女兒不到 2 歲，他被打成右派，從此 20 多年沒聯繫，沒見過了。當初他的妻子私通她單位領導，與他離婚，只因爲他當了右派，所以沒處講理。他的行李物品都從窗內扔到街上。

　　金志廣，因為是右派，去法院無人受理。家裏，家外，政治，生活，思想上受到的打擊與淩辱，不堪忍受。

　　劃右派不久，恰逢所謂三年困難時期，糧票降低到最低限度，大約 20 幾斤，餓的全身浮腫，走不動路，因為要給系裏整理美學史方面的資料，常加班至深夜，他找系領導借點糧票，遭拒絕。只好跑到未名湖北岸，洪湖一帶的土山坡上，搜集榆樹葉，塞滿兩衣袋，回來拌點醬油下咽。就這樣還整理幾十萬字的資料。

　　當我知道他一生不幸的遭遇，和他努力工作的情況，我不僅深深地同情他，而且願意盡力幫助他。

　　為了使他的願望得以實現，我親自去對外經濟貿易大學，找那裏領導要求親自訪問金志廣的前妻，系領導不願意我們與她聯繫，他們說此人惹不起，也不願意提供她的住址與電話。因此只好作罷。

　　後來我又委託七七級學生張志剛，寒假回青島去化工職業技術本科學校找金的女兒面談，拿著 20 多年前金志廣一家的照片。他女兒說，你看我長的像金志廣嗎？張志剛說：「像，很像」。金志廣同志，的確是你的父親。他是一位很好的老師，過去被冤枉，今天終於「平反」，想見你，這是人之常情啊！這位金志廣的女兒不加可否。寒假回家也把事情說給她母親聽。她母親說，沒什麼好人，別與他們聯繫，如果背著我找姓金的，我就不再供你上學了。

　　後來在暑假前，大約是 1982 年 6 月下旬，我去上海華東師大開倫理學會，回京專門去取道青島，到化工職業技術專科學校見這位女孩子，他們的校長，班主任陪同。她聽了我說明來意，說明金志廣的情況後。她居然說：「我不想見這位金志廣，我生活的好好的，怎麼忽然半路上出現一個親爹！你告訴金志廣，死了這條心吧！我不想見這位所謂親爹。」又說：「明天就要期末考試了，你今天講了這麼一通。我的心裏彷彿有 15 個弔桶，七上八下，我還怎麼考試！」

　　我聽到這裡趕忙道歉說：「對不起！我事先不知道這個情況。請您諒解，暫時談到這兒吧，你好好準備考試！」

　　校長，班主任向我解釋，勸我別介意，他們願意協助，日後再做工作。

　　二年後，金女兒畢業了，自己找了個幹部子弟作朋友。回家告訴她母親。她母親居然說：「你怎麼找了這個朋友，門不當，戶不對！趕緊與他斷絕

關係」。女兒不肯。母親竟把她趕出家門。於是她找到中學時的班主任。請班主任陪她一起到北大尋訪金志廣。可是這時的金志廣，已經調離北大，就職於北京社科院哲學所。此時金志廣因患病住進小湯山療養院，班主任陪同金的女兒會見金志廣。

骨肉分離 20 多年不曾相見，今日會見，是何等的激動、高興和快樂啊！往日的冤屈悲憤一掃而光。眞是雨過天晴，風和日麗。

不久金志廣帶著他的女兒到我家裏致謝！我說，不必了。這是我應該做的事情。

據我所知，此後金志廣努力彌補 20 年沒有撫養女兒的歉疚。這個女兒很爭氣，後來到美國讀書並獲博士學位，成爲美國一個著名大公司的總經理助理。

金志廣患病以至病故，都得到這個女兒的孝心。到底還是骨肉親情啊！

我爲什麼沒有當右派

　　我這個人心直口快，有話直說，見義勇爲在所不惜，常常爲人打抱不平敢說敢做。這是我的同學、同事公認的，陌生人與我初次見面交談一陣之後，或相處不久，就會形成這樣的一種印象。

　　一次開學術會議，我見到清華大學羊滌生教授。他說，我聽說您老兄是一位大炮，特直。怎麼 57 年你沒當右派呢？

　　我說，我出身在一個貧苦的農民家庭裏。共產黨來了，翻身得解放，我自然非常感謝共產黨。當考取了中國人民大學哲學系，告別家鄉父老，前往北京上學時，鄉親們，囑咐我的一句話，就是「吃誰，向著誰」。這句話，讓我牢記在心中。

　　我少年時代父母雙亡，靠助學金讀完了高中，接著又上了大學。我對人民政府，對共產黨充滿感激之情，怎麼會去發表對政府，對黨不滿的言論呢？

　　再者自己當時思想幼稚、單純，對社會情況不瞭解，不可能發表什麼「政見」。

　　1957 年春天，即 5 月份，中共中央發出號召，開展整風運動。發動群眾，包括學生在內給黨提意見。

　　說實在的，我沒什麼好提的。於是我想到有一件事，可以向校黨委提出，這就是，北京有兩個哲學系，除人大外、北大還有一個哲學系。有什麼必要辦 2 個哲學系呢？

　　我認爲北大歷史悠久，大師雲集，學術水平高，我們人大哲學系，剛剛建立，各方面都不如北大。於是我發動同學，掀起併系運動。把人大哲學系

並到北大哲學系去。當時造成了不小的影響。驚動了校領導。聶眞副校長接見我們。他講了人民大學辦哲學系的必要性。他特別提到:「你們不是要教授嗎?不是要賀麟來講黑格爾哲學嗎?（賀麟北大教授,著名黑格爾哲學專家）我給他們請來賀麟的老師張義先生,他是中國研究黑格爾哲學的最早專家,比賀麟水平高。請他來怎麼樣!我們還可以請校外其他著名教授來講學,這不就可以了嗎?爲什麼總是要併系呢?」

在校長的說服下。我們只好放棄了併系的念頭。

眞是一波未平一波又起。六月初報紙上報導了民盟章伯鈞關於「政治設計院」的言論,羅隆基關於輪流坐莊的言論,諸安平「黨天下」的言論,都說成是反黨,反社會主義,向黨猖狂進攻。

校內葛佩琦說,要殺共產黨（此話純屬歪曲事實）工業經濟系一位教授主張「雙規制」即共產黨與民主黨派輪流執政。如此等等。

法律系大二學生林希翎登臺演講,揭露共產黨的官僚主義,肅反擴大化,個人崇拜,踐踏民主等等。校內外風起雲湧,波濤滾滾,大有「黑雲壓城城欲摧」之勢。

這時林希翎城爲風雲人物,影響所及遍及京城,遍及全國,是高校學生中最負盛名的所謂「極右分子」。

林希翎。眞實姓名是程海果,筆名林希翎。之所以名曰林希翎是因爲她崇拜青年作家藍翎,李希凡,他們是研究紅樓夢的青年學者。勇敢地挑戰紅學家俞平伯,對俞的唯心思想進行批評,受到毛澤東主席的表揚。

程海果崇拜他們,各取他們名字中的一個字「希」「翎」,再加上他母親的姓氏。故名曰:「林希翎」。

林希翎,是轉業軍人,曾是志願軍戰士,轉業後在人大法律系讀書,年輕有爲,才華出眾。學生時代,即發表文學作品,受到吳玉璋老校長的關照,人大方面,專門給一間房子讓其從事寫作,並指定中文系教授何洛先生予以指導。林希翎從此少年得志,忘乎所以。因此遭到人大團委幾名同志的點名批評、寫文章曰:《靈魂深處長著的毒瘡》,一目了然,就是要搞臭她。

五七年整風反右,她手握南斯拉夫總統鐵托在普拉的演說,威脅人大領導,她準備隨時公佈鐵托所謂反斯大林的演說文。領導說,「鐵托演說不可公佈,公佈馬上逮捕!不公佈你可以講你要講的話。」

　　林希翎沒有公佈，但她的「反黨，反社會主義」的講話、演說，辯論中有不少這方面的內容。

　　當時人大法律系，有專門批判林希翎的隊伍，林希翎走到那裡，他們就跟到那裡，去批判林希翎，努力清除她的反動的政治影響力。

　　有一天，我去北大看大字報。見到一張廣告，說林希翎到校作報告，地點在大膳廳，即今日大講堂附近。我趕去聽林希翎的講演，林希翎講的東西細節、已記不清。反正不外乎是批判共產黨的過去，如官僚主義，特殊化，還有三反方面的政治問題。

　　這中間有北大學生上臺批判林希翎並宣讀著名文學家、北大中文系教授何其芳先生的一封揭露批判林希翎的信。

　　我當時思想幼稚、頭腦簡單，對林希翎講的些東西，不敢相信、但似乎又沒有否定她的理由。

　　當時我只覺得人大的學生受到北大學生的欺負，尤其覺得何其芳先生，不該那樣不留情面地羞辱林希翎，說林招搖撞騙，欺世盜名云云，對林希翎有一種同情感。於是我寫了一封信，批評何其芳對林不夠寬容，不像一個師長的樣子，對林講話的內容，未加評論。這封信以化名發出，單位也不是人大，地址也不在海運倉（這裡是人大一校區），因此有關方面也無法查找發信人。如果真的查到了，那麼我就很危險。不打成右派也要受到嚴厲的批判。因為此前已有先例，大連海軍艦艇學院有三名軍官，在我們哲學系進修，其中有大校軍官王某某給林希翎寫信，對他大加讚賞，表示同意他的許多見解，並說自己參加革命是上當了。因此多次受到嚴厲的批判，開除黨籍，開除軍籍，劃成右派。當時，據我所知，林希翎每天收到來自全國各地的信件，幾麻袋幾麻袋的，人大有專人查看，然後寄回原單位，凡對林表示支持和同情的十有八九被劃成了右派。所以我僥倖的躲過了一劫。與右派擦肩而過。

　　時間已經過去六十餘年，今天回頭看，值得汲取的教訓令我刻骨銘心的至少有以下幾點：

　　第一，人活著不容易，自我保護是人的一種本能，保存生命維護健康維護自己的社會聲譽是第一重要的，有這樣的本能，更需要有這樣的意識。凡事思前想後，所謂「三思而後行，」是有道理的，不可蠻幹，不可感情用事，不可衝動。

第二，「病從口入，禍從口出」這是廣為流傳的一句俗話，也是人生經驗之談。中國封建社會三千年，專制統治無所不在，人是不能自由思想、暢所欲言的，常常因為說真話說實話招惹是非，甚至招來殺身之禍。所以，以言治罪是中國的一種惡劣傳統。歷朝歷代都如此，執政的中國共產黨也不例外，歷史上廣開言路的君主是有的，不過是鳳毛麟角而已。

第三，五七年的整風反右，就是以言治罪的典範，如果說右派有什麼錯誤，那就是因為先說了真話，當然不能說他們所說的百分之百都是真話。真話是否都可以毫無顧忌的都講出來呢？不可以，季羨林老先生說的對，假話不可以講，真話不可以全講，這話是經驗之談，也有一定的哲理，講真話要看時間，地點和對象，講的時間不對，地點不合適，對象不恰當，講了真話常常會引起相反的效果，真的變成假的，正確的變成錯誤的，因此而惹禍，因此而得罪。右派們的錯就錯在他們不懂這一點。

那麼假話是不是絕對不可以講？那也不見得，講假話也不一定都錯，也要視具體情況而定，但是一般來說，還是不可以隨便講假話，歸根到底，還是要講真話，馬克思說過，講真話是人「應盡的義務」（《馬克思全集》第一卷，第 138 頁）。

第四，五八年高舉總路線（即鼓足幹勁力爭上游，多快好省地建設社會主義）的旗幟「大躍進」「大辦人民公社」全黨全社會都忘乎所以，頭腦發熱，什麼畝產小麥 10 萬斤 20 萬斤，「人民公社是橋梁」「共產主義是天堂」什麼八年超英，十五年超美，全都是大話，自以為是真話，其實都是假話。說假話說大話說空話，從此流行全國，至今還有它的深刻影響，眼下，人們不是把說謊話做假事，一句話騙人，不當回事嗎？「五九年」反右傾，就是人們反映人民公社化的問題，諸如農村辦食堂，剝奪了農民吃飯的自由，農村鬧糧荒，餓死人等，有一些黨政幹部反映這些情況，而成為右傾機會主義分子。五九年廬山會議，批判彭德懷就是一個典型例證，從此萬馬齊喑，鴉雀無聲。人們不能也不敢講真心話。知識分子尤其噤若寒蟬，完全喪失了公眾知識分子的作用，丟棄了社會良心，喪失了起碼的正義感，除了與黨保持一致外，再也說不出什麼來了。有些人有看法，有意見也不能言語，變成明哲保身的庸人。有些人「借古諷今」、「託古改制」繞彎子說一些不疼不癢的話，還有些很少數的人瞪著眼睛說假話卻不臉紅，他們活得可悲又可憐，這就是當今知識階層的現狀。

　　看來發揚「五四」新文化運動科學與民主的精神，路途還很遙遠。

　　科學就是「事實求是」，民主就是「暢所欲言」，「五四」運動距今 90 年，看來「科學、民主」真正實現起來，並不容易。

在大興開門辦學

我在北大曾兩次做班主任。第一次是 1970～1973 年當時北大軍管，軍黨隊執掌北大領導權，各系都稱為連。我是哲學連，第四排長，即相當於現在的班主任，第二次是 1974～1977 年，我又一次當大班主任，整個 74 級算做一個大班，我管教學與行政，王桂英作黨支部書記，負責黨的工作與政治思想教育工作。

1974 年秋入學，1975 年春節過後我們到大興大農場，又叫北大分校，開門辦學。邊種田，邊讀書，有時還到農村去作社會調查和參加一些勞動。

這個時候課開的較第一屆工農兵學員為多。哲學，毛澤東著作，馬列經典，邏輯學，還摻插些西方哲學和中國哲學的專題講座。

那個時候，教育部的工作由「四人幫」爪牙，遲群掌管。遲群是教育部的實際負責人，相當於今日教育部長，他抓住了一個典型，此人名噪一時，這就是大名鼎鼎的張鐵生，一般正直的人都叫他「白卷英雄」。那一年遼寧地方招生考試，張鐵生領到試卷就矇了。他不明白，試題問的是什麼？該如何回答。於是在試卷上開展大批判，批判所謂腐朽的教育制度，摧殘人才。資產階級專了無產階級的政。

遲群看了試卷，如獲至寶。於是批示全國教育界學習張鐵生，批判資產階級的教育制度。提出「學習朝陽農學院開門辦學，走向農村，把課堂科學實驗都遷到生產隊。大學越辦越大，越辦越向下」。

北大在軍宣隊王連龍政委主持下積極響應遲群的號召，貫徹遲群的主張，給全校幹部、教師開動員大會下廠、下鄉、下連隊，學習工農兵。北大當時剛剛落成圖書館大樓。四人幫在北大的代理人王連龍認為，工農兵學員

不能進圖書館讀書，因爲這容易變成修正主義。所以都要趕到校外去。

當時學校當局的領導人計劃把北大變成「自力更生」的辦學單位的樣板。主張開發「五四」操場，種上老玉米，所有學生宿舍樓前樓後開十邊地，種莊稼，種菜。未名湖養大鯉魚。這無疑是一種新的「烏托邦」。這個計劃因爲太脫離實際未能實現。

我們在農村半工半讀，名義半工半讀，實際上是以勞動爲主，教學爲輔。半天勞動，半天學習，讀書學習。學生筋疲力盡，上課無精打采。打瞌睡是經常現象，數十名學生擠住在一間宿舍，無讀書的教室，更無閱覽室，我們每人配一個小方凳，這就是學生的書桌，教師的備課桌。師生混合編組，「摸爬滾打」在一起，可是教學質量，天知道怎樣。

我作爲教學負責人，領導安排全年級的教學。深知常此以往，只能培養出「四肢發達，頭腦簡單」的人。爲此深刻憂慮，但無可奈何。

有一次師生集會，我布置教學與生產任務。當時作了簡短的「戰時動員」，我講道：我們工農兵學員到北大讀書不容易，不是任何一個工農兵想來就來的，要珍惜時光、好好學習，將來報效國家。我們要沿著又紅又專的方向前進。拿起筆墨可以寫大批判文章，操起鋤頭能刨地。立志要作國家棟樑之才。

我講話底氣足活靈活現，很得意、自我感覺良好，認爲講的不錯。哪知道工宣隊的呂師傅聽了不順耳。講完後，當天就找我談話。呂師傅說：「你講又紅又專沒錯。可是要學員成爲國家棟樑之才，是什麼意思？這不是要把學員引向自專道路嗎？要他們成爲什麼專家嗎？」我說：「是的！年輕人應該立志成爲專業人才，爲國家爲人民更好的做事，應當多鼓勵，多激勵他們當專家。這有什麼不對嗎？」他說：「又紅又專可以，成爲棟樑之才不好！」我說：「呂師傅，您難道非讓我們的學員成爲一把茅草不行！」這次談話以不愉快而告終。四人幫那個時候，說穿了就是不讓人們好好學習，只讓人們能夠背誦毛主席語錄。所謂「聽毛主席的話，讀毛主席的書，做毛主席的好學生」。

有一次在分校，文科各系教改組組長總結下農村以來的教學經驗。在會上，我的發言又惹了禍。在這以前，我聽說四人幫成員之一，姚文元在新華廠有個講話。大意說，工農兵學生勞動夠多了，星期天不要再搞義務勞動，讓他們多一點學習時間。這話是對的，我援引姚文元的話。在會上說：「星期

一到到星期六天天半天勞動，星期天還要加班加點，不合適。姚文元同志最近在新華廠的講話，對此提出批評。不要以爲我們是「六廠二校」（「六廠」即新華廠、長辛店機車車輛廠、印刷廠、棉織廠和首鋼東方紅煉油廠；「二校」即北大和清華）就什麼經驗都是先進的。我們兩周休息一次，平時不准請假，請假不退錢票，不退糧票，沒有澡堂，這裡遍地是黃沙，女學生留著大辮子滿頭沙土，不洗澡怎麼能行？」

董師傅聽了我這番話，氣不打一處來。他說：「魏英敏，你這話是什麼意思？難道只要你們才關心工農兵學員嗎？只有你們才關心教育革命嗎？我看你這是挑撥離間，挑動工農兵學員對我們不滿！」我爭辯說：「董師傅，您誤會了，你召集我們來總結這段教育改革的經驗，不是讓我們發表意見嗎，我說了我的看法，究竟有什麼不妥？怎麼成了挑撥離間了？」他說，「你講的意見不對，什麼叫勞動過多？」我又接著說：「董師傅，您讓我們發表意見，我認爲什麼意見都可以講，不一定總是講那些所謂正確的東西！」還說，我講的那些未必是不正確的呀！這時會場上鴉雀無聲，那麼多文科教研組長都對我投入敬佩的眼光。我知道他們沒有公開發表支持我的意見，但他們是同我站在一起的。

會後董師傅不依不饒。要發動群眾整整我，煞一煞我的「歪風邪氣」，否則他們沒面子，今後不好工作了！怎麼可能是這樣！他們「心虛」，怕控制不了我們。

大興分校黨委常委李中華爲我說好話。他說：「老魏口快心直，是我們依靠的對象，縱然說話不當，批評批評就行了，不必訴諸於群眾。」保我的人不止李中華，我們這個年級許多教師都說，老魏是忠誠於黨的教育事業的，整掉他，對我們工作沒有好處。

工宣部沒有立即整我。但是結果還是「整」了。他們找我談話讓我下學期去「農場」勞動鍛鍊。補上「五七」道路這一課。這樣我就離開了七四級。

1975年的下半年我去農場報到分配到農機械班勞動，可是沒多久，分校文科各系要開哲學課。人手不夠，於是調我去分校教研室，這裡有黨史、哲學教師給文科二年級學生講授中共黨史和哲學。

分配我講授毛主席《矛盾論》，是時恰逢推行「朝農」經驗最熱鬧的時候。也是批判鄧小平最緊張的時刻。我們進行教改，強調理論聯繫實際，重

在培養學員解決實際問題的能力。

首當其衝的是黨史改革問題。分校負責教改的同志，找黨史教授肖超然同志談話。問他黨史是怎麼講的？下一步如何改？肖教授回答說：「中共黨史從『五四』運動起、講到 1949 年中華人民共和國成立爲止」。那位負責同志說，「不行，這是從前那一套，脫離實際，要改！」肖說，「要麼我們倒過來講，從 1949 年開始往後講怎麼樣？」，負責人說：「這沒改什麼，從『五四』到 49 年，從 49 年到『五四』差不多。這樣不行」。肖說：「要麼講十次路線鬥爭。你看行嗎？」負責人說：「不行，十次路線鬥爭固然重要，但還不夠突出現實問題。」肖說：「您說吧，到底怎麼改，才算聯繫實際呢？」那位負責人說：「講走資派就在黨內，走資派還在走！」肖說：「這是黨史嗎？還是現實的政治課呢？」

肖教授被逼無奈，不知如何是好。有一天我與他在田間散步。他仰天長歎！說：「看不到出路在哪裏？老魏，我感到有人要整我！我想離開這裡，到別處去工作！」我說：「老肖，我們要挺住，我看沒多久，事情會有變化！」他沉默不語。最後說一句，「但願如此」。接著就輪到我們了。

領導找我問《矛盾論》你怎麼講的？我說《矛盾論》一共 6 章。從第一種兩種宇宙觀講到第六章對抗在矛盾中的地位。他說這是老的講授程序，現在適應教學改革的需要應當變一變。我說怎麼變？我沒想好，你說如何變？他說你把學生帶到一個生產隊，到那裡瞭解情況，然後動手解決矛盾。解決完了做個總結，「矛盾論」就算講完了。我說你的這主意很好，不過你應當知道，「矛盾論」這書的章節是毛主席親手制定的，這是馬克思主義哲學中極重要的經典著作，隨便的改，打破他的邏輯次序，任意裁剪的內容這意味著什麼？！，我的話言外之意是，你要篡改毛澤東的「矛盾論」該當何罪？這話沒說出來，給領導留點面子。但我的意圖很清楚，頂回去。矛盾論講授體系、內容、順序、不可以改。於是我說，這樣吧，你給我做個示範，把學生帶下去，按你的想法講授矛盾論，我緊緊地跟著你去做，你看如何？他沉默了，不知可否。我就是這樣把他的改革計劃否定了。

一位神秘的學員

　　我在北大教書 30 餘年，當了兩屆班主任，1970 年 12 月從人大調到北大，我被任命為哲學連第四排排長。當時北大軍事管制，軍宣隊當家，同時有工宣隊配合。北大是毛主席抓的「六廠二校」。六廠即新華廠、長辛店機車車輛廠、北京紡織廠、北京機器廠等，二校即北京大學和清華大學。是毛主席親自派人管理的單位，總結文革經驗直接上報主席。

　　我所在的系是哲學系，當時叫哲學連，連長是新華廠的張光明師傅，指導員是 8341 部隊的趙文廷。

　　我任地四排排長，實際上就是第四班班主任，這個排混合編隊，工農兵學員分四個小組，除工農兵學員外還有部分教師，如老教授鄭昕、周輔成，中年教師孫伯奎、張一星和李真等等。

　　當時「人自為戰，班自為戰」，教學計劃連裏統一制定，分排執行，上山下鄉是家常便飯，排長組織教學，安排活動，還管理工農兵大學生的思想政治工作。此外我還要教書，教毛澤東哲學著作。

　　那時候我們教師與學生「摸打滾爬」在一起經常「上山下廠」。與學員同住在老百姓的土炕上，在農民家裏吃飯，到工廠的吃職工食堂。住工廠的倉庫。這時學習不正規、不規範，但師生關係好，真正打成一片。

　　1974 年秋我又一次擔任排長，支部書記是王桂英，她外出給江青講「老子」，我實際上一身三任，當班主任，管教學工作，又兼職書記管思想政治工作，還要教書。

　　1974 年的 9 月一天下午我正在 101 教室教授《關於正確處理人民內部矛盾的問題》放眼四望，看到前面第一排，有一個陌生的女生，坐在中間聽課，

這班百餘名學生，我幾乎都能叫出名字來，唯有這個人不認識。

課後我找她談話，問她從哪裏來？爲什麼這麼晚了才到學校報到。她作了簡要回答。但我不滿意。她說，她從杭州來，我覺得奇怪，開學都一個多月，怎麼還有學生來報到呢？我懷疑她來路不明。爲此到學校招生辦公室瞭解情況。他們說，「不知道。」但他們說，這個人，來路不清楚。可能走的是「大後門」吧。

當時「走後門」上大學很嚴重。中央教育部負責人（當時不叫教育部，大概是中央教改組）遲群說，「工農兵大學要經過四個步驟，自願報名，群眾推薦，領導推薦和學校覆查，堵住「走後門」。

我去找哲學連連長張光明師傅詢問。他說：「這個人不是走後門來的，她的手續齊全，沒有問題」。我說走後門這麼嚴重，遲群不是讓我們把好關嗎？所以得好好審查審查她。張師傅說，「你審查她什麼，你要相信黨！」我說：「是的，我要相信黨。可是黨也應該相信我呀！你們把這個交給我辦，讓我負責，我自然應當盡職盡責。她就是毛主席的女兒，也得照遲群說的那 4 條辦！」張師傅勃然大怒，用右手狠狠拍了下桌子，吼道：「魏英敏您好大膽，竟把矛頭指向毛主席！」我說：「張師傅，別扣大帽子！我是不怕扣帽子的。」「我瞭解一下，她是怎麼來的不行嗎？」他說：「別瞭解了，我再說一遍，她入學手續合法，不要再追問了。」就這樣，我們的談話就此打住了。但我一直盯住這個問題，心裏想非弄清楚不可！沒過多久，學校黨委，軍宣隊的二把手魏銀秋，告知哲學系軍宣隊指導員趙文廷和連長張師傅，不准魏英敏再問。再問就犯了政治錯誤。這話轉達給我，我越發感到，這是一位帶著神秘面紗的學員，她究竟是什麼人？她的後臺是誰啊！腦子裏一直裝著這個不解之謎。

緊接著學校黨委傳下話來，原來讓我在全校文科教科改負責人會議上介紹有關毛澤東哲學，正確處理人民內部矛盾問題的教學計劃，現在取消這個會議不開了。

我想，不開了就不來了，不開對我沒什麼損失，我還省了許多事情呢！

說話就到了春節跟前了，有一天這個學員找到我說，想利用春節放假期間回趟上海。我說，春節實際上學校不放假，就放三天假，你回上海剛到家連一碗水都沒喝完就得提著書包回校，何苦呢！算了別回去了。

話是這麼說，但我心裏同情他，因爲她的孩子在上海，想回去看看，也

是人之常情嘛。可是這是學校的規定，明知不合理也得照辦。

我萬萬沒有想到的是，他的回答竟讓我大吃一驚，「魏老師，沒關係，我可以乘坐中共中央辦公廳給上海市委送信的軍用飛機直達上海。」我的天啊！站在我面前的這個漂亮的女生究竟是何許人也？！我越發堅信一個信念，非搞清她的底細不成。

於是我說：「好啊，你不是魏銀秋批准入學的嗎？你找他好了，他給你假准你回上海，我這裡絕對放行！」他找到了魏銀秋，魏銀秋說你別回了，學校本來不放假，你剛到學校沒多久，班上的老師和同學還不認同你，你再回去不是顯得很特殊嗎！於是她打消了回上海的念頭。

過了春節不久，這個班的同學浩浩蕩蕩開到北京南郊的大興縣天堂河農場，那裏是北大開門辦學的一個分校，文科中文、哲學、中文、黨史、政治、法律和經濟的二年級學生都到那裡上課學習。

我們住在離本部農場不遠的一座較大的白色的一排房子裏，開始了半天勞動半天上課，學員們每人一個馬紮，一個小方凳，方凳當書桌，馬紮當凳子，宿舍是教室也是餐廳。相當艱苦，周六周日照樣邊勞動，邊讀書，美其名曰「義務勞動」，二周放一天假，只退糧票不退錢票，無處洗澡，也無處洗頭。

夏天，天亮的早，五點起床，六點開始集合，高溫堆肥。七時半回來用早餐。接著上課，學員們邊上課，邊打瞌睡。據說，這樣才鍛鍊革命意志，磨煉革命精神。不能在北大校內讀書，因為校園內容易產生修正主義。我們這個班種了幾畝稻子，當年畝產880多斤，是個豐收年。

當時這位女生給我的印象，她肯出力提起一桶水，不費勁，不怕累，也不怕髒，像是農村裏出來的人，學習也說得過去。

可是不久，這個人不見了。女同學找到我問。這個同學「怎麼突然不見了？」，不知去向，你知道她去哪了嗎？我說，我不知道，她離開這裡沒和我報告，也許工宣隊呂師傅知道吧！

75年的臨近暑假我離開了這個班，去「五七」幹校（其實就是這個農場是「五七」幹校），到另外一個地方去了。補「五七」幹校龍洞鍛鍊這一課，這是分校黨委對我的打擊報復，因為在教改長會上，我批評了他們在工作上的錯誤，我說，「六廠二校的經驗並不都是先進的」。當時他們就要對我進行整治，煞我的「歪風邪氣」。因為分校黨委李中華力保，使我幸免於難。但是他們要「整」我的決心沒變。以我沒走「五七」道路為名，撤我教改組長的

工作，讓我去幹校勞動。

到「五七」幹校，後勤維修班與工人一起勞動。沒有多久，可能 2～3 個月吧，「七五」級學員入學，分校無人講哲學課，調我去分校馬列教研室教哲學。

1976 年倒是天塌地陷的一年，周總理、朱總先後病逝，接著唐山大地震。74 級學員此時已回校，並去唐山救災。緊接著毛主席撒手人寰，命歸西天。

那位神秘學員要求去中南海奔喪。帶隊領導沒批准，說很快，我們就回到北京。

這時我在北大哲學系毛著教研室工作。74 級學生，貼大字報，要求系領導批准魏老師回到年級裏去送我們畢業。果真我回到這個年級。

毛主席屍骨未寒「四人幫」被逮捕，自此「文化大革命」終結，全國一片歡騰，北大亦然，學校貼滿大字報，批判「四人幫」批判軍宣隊，軍宣隊的領導地位也岌岌可危，說話不靈了。74 級班上有人張貼了大字報說：「王洪文的表妹×××就在哲學系！」滿城風雨，轟動一時。×××又哭又鬧，要求支部書記澄清事實。

於是王桂英帶他們找王連龍政委，他是 8341 部隊駐北大，即是管理北大的最高領導。請他講清楚，這位神秘學員的來歷，與王洪文的關係。

王政委說，她與王洪文沒有關係。她是毛主席批准到北大讀書的。學員們不信，王政委沒有辦法只好操起電話給中央警衛團政委張光烔打電話，張說：×××是毛主席身邊的工作人員，在毛主席那裡服務多年。毛主席說，你們年歲不小了，不能總在我這裡服務，你們該去讀書了。

於是中辦領導把他們保送到北大讀書。

至此，這個大學生的神秘面紗終於揭開了，與王洪文沒有關係。她是毛主席的跟前服務員。他入學是合法的，中央機關推薦的，沒有問題。

後來，我才知道她原來是杭州歌舞團的，能歌善舞，舞蹈演員，人長的也漂亮，給中央杭州招待所做服務員，從這裡調入中南海，在毛主席身邊，為主席讀報，讀中央文件。

與她同時進北大還有兩個女青年，好像分別在北大中文系與歷史系。在她畢業時，聽說由中辦領導，寫信至上海市委書記×××，請他安排我們這位畢業學員的工作。

告密、保密與揭秘

　　事情發生在 36 年前，大約是毛主席逝世的 1976 年的夏天。

　　事情的經過是這樣的：有一天我見到我們人大來的一位教俄語的女教師。當時她在北大大興分校工作，管教學，相當於現在的教務幹事。

　　我把她叫到一邊說：「你聽說沒有？毛主席最近發了脾氣，要總理處理江青問題。江青同一位美國女記者講了中央的一些事情。此人回美國後，寫了一本《紅都女皇》的故事，毛主席看了很生氣。我簡單說了《紅都女皇》一書的一些梗概，並說別告訴別人，你知道就行了，注意別和黨委一班人靠得太近，否則你會跟他們一起犯錯誤。」

　　沒想到我的一番好心竟變成驢肝肺。這時大興分校遵照上級命令，正在抓政治謠言。她轉臉就向大興分校的黨委負責人、校黨委常委徐雅民彙報，即揭發我在下面散佈的所謂「政治謠言」。這就是「告密」。

　　徐雅民作了詳盡的記錄。聽完之後，他把筆記本合上，告訴彙報的人說：「我知道了，你別再與其他負責人講了。」徐雅民一想：「老魏是好人，對黨的教育事業忠誠、積極，若是報告校黨委，他就麻煩了！」於是扣押住這份揭發老魏散佈「政治謠言」的材料，根本沒有上報校黨委。當這位「告密」的同志離開北大 10 年之後，大約是 1986 年，我在徐雅民家做客，在閒談之中，他揭開秘密。我懷著感激的心情，對徐雅民說：「謝謝您了！您保護了我，否則，我就得挨批判、鬥爭了。」

　　徐雅民高擡貴手，放我一馬。這事我非常感激他。

　　由此，我想到，在階級鬥爭爲綱的年代裏，互相揭發、告密是經常發生的事，人們習以爲常，也不認爲這是違反人性、有悖倫理道德的事。

那時候，人們普遍地表現「積極」、要求「進步」，靠攏「組織」，因此去告發朋友、同志、甚至親人沒什麼。可是客觀上卻造成了人與人之間的隔閡、互相設防、不敢敞開心扉說眞心話，唯恐因彙報而惹禍。這是知識分子中很少來往、很少談心的原因之一。

我知道，我的母校人民大學有兩個「三八式」的老幹部，當年奮鬥在太行上，彼此關係密切，進城後在同一個大學裏做領導工作。幾十年的交情，只因兩人文革期間私下議論四人幫一夥的倒行逆施，一人把另一人彙報了，友誼從此付諸東流。結果，兩人反目成仇，不再往來，直到老死不說一句話，眞是「老死不相往來」啊！悲哉！悲哉！

我記得孔子說過：「爲尊者諱，爲親者諱，爲賢者諱。」（《春秋公羊傳‧閔公元年》）。對於尊、親、賢者的過失，不能揭發、告密或隨便議論，要保護他們的隱私。這話是對的。尊、親、賢不是聖人，他們或許有過錯，但應採取保護性的態度予以規勸。這樣不至於破壞兩者的友情、親情與人情。

過去，我們常常對孔子的言論加以批判，今日看來是錯誤的。在封建社會，老百姓對皇帝有意見尚可以在家裏罵人，在家裏罵皇帝無罪。怎了到了二十世紀，民主、自由、平等倡行的時代，反倒不行了呢？可見中國封建餘毒之深啊！

爲學生留系任教而爭吵

我們教研室有兩名青年教師，一名叫萬俊人，另一名叫陳少峰。

萬俊人於 1983 年考入倫理學專業碩士生，1986 年畢業留教研室任教。陳少峰 1986 年考入中國哲學專業博士生，1988 年赴日本學習一年，1989 年 9 月歸國進入北大社會學所攻讀博士後二年，1991 年留教研室工作。

這兩名學生，我看都是「人才」。萬俊人中山大學哲學系本科畢業，有很好的哲學功底。他頭腦靈活、思想活躍、英語好，寫得一手好文章。陳少峰福建師範大學政教系畢業後考入南京大學哲學系，攻讀中國哲學碩士專業。陳少峰頭腦聰明，記憶力好，對中國古典哲學、孔孟之道很熟悉，援引經典不看原文，幾乎沒錯。

我要留這兩名學生在教研室工作，萬教授西方倫理學、陳教授中國倫理學。留下這兩名學生，費了很大的力氣。

先說留萬俊人。萬俊人很有才氣，留教研室工作後很快寫出《現代西方倫理思想史》上、下卷，長達百萬字，此乃塡補空白之作；接著又寫了《倫理學新論》、《普世倫理》，主持翻譯了現代西方倫理學名著 6 卷本。1999 年調入清華大學哲學系工作，當了八年左右的系主任，又是國務院學科評議組組長、清華長江學者、中國倫理學會會長，聲名遠揚。

事實證明，留下萬俊人在教研室工作是正確的。

可是人們並不清楚留萬俊人工作的奧秘。

他的導師周輔成堅決不同意留萬俊人在教研室工作。我則主張非留萬俊人不可。於是我們兩人在周先生家裏發生了爭吵。

我去徵求周先生的意見。當年有 3 名學生畢業，除萬俊人之外還有公

茜、余湧。周先生說留公茜。他的理由有二，一是公茜是北大哲學系本科畢業的，學術功底好；二是公茜外語好。

我說留萬俊人好，因爲他聰明、有潛力，英語也好，又有寫作能力。

周先生說：「留人嘛，也不能光看這些。要留就留自己人。」

我說：「周先生，什麼叫『自己人』？科學院院長周光召先生說：『遠源雜交，勝於近親繁殖。』」

他說：「沒那回事。留人就得留自己的人。你別聽他們那麼說。」

我說：「萬俊人本科中山大學哲學系畢業，底子不差啊！他是章海山教授的學生，章海山又是您當年的碩士研究生，這樣看來，他雖不直接是您的嫡系弟子，間接也是您的弟子啊！」

周先生說：「老魏，你把我的行政權奪走了（指教研室主任），現在又要奪我的教學權嗎？」

我說：「周先生，您說哪兒去了！您退休了，系裏要我來做教研室主任，這算什麼？教研室主任充其量是個生產隊隊長，有什麼了不起的？」

他接著說：「是你瞭解我的學生，還是我自己瞭解我的學生？」

我說：「您當然比我更瞭解您的學生。但我也很瞭解呀。」

說到這裡周先生氣哼哼地走向臥室，拿出他的學生考試成績單給我看。

我想不能再爭下去了，犯不上氣壞周先生。

於是我說：「周先生別生氣，我們不過是交換意見而已。我們究竟留誰，最後還是請系主任黃楠森先生定奪吧。」

就這樣結束了這場爭論。我向黃楠森如實報告了我們的不同意見。

黃先生說：「這樣，兩個人都給你們教研室留下，您看怎樣？」

於是我高興地說：「太好了！黃先生！您說這話當眞嗎？」

他說：「當眞！」

我說：「謝謝您了，黃先生！」

最後的結果是，公茜到美國去了，萬俊人留下來了。

我爲萬俊人留校工作，用了不少心血，在系內外多次樹立他的威信、表揚他的工作、宣傳他的成績。

留下工作後，萬俊人結婚時沒房子住。我讓他們住在我們教研室。系辦公室的人員反對，我受到不少的壓力，一直頂著。

可是我不明白，在北大百週年校慶的一本紀念性的冊子上，萬俊人竟然

說是周先生到他家去動員他留校。哪有這回事！他明明知道，周先生反對他留校。可是他爲什麼要這麼寫呢？退一萬步說，周先生後來思想變了，想留他在教研室工作，那麼他也應當公正地對待魏老師在他留系工作問題上所付出的心血。

再說留陳少峰。大約是 1987 年，當時他在日本留學，應當在年底以前回到北大來。他是中日聯合培養的博士生，朱伯崑教授是他的導師，我做副導師。我們要留他在教研室任教，教授中國倫理思想史。可是系裏已無留校名額，我以教研室急需用人的名義，向校領導反映，要求給名額。我找到時任副書記、副校長的張學書，他詢問我有關情況之後，以補充政工幹部的名義，從教育部要來 3 個名額，其中分給我們一個。可是陳少峰私自決定留在日本再多學一年，事先沒有告訴我們。到該回來之時，他沒有回來，這使得我很被動。後來，這個名額就給了馬列專業的研究生留校用了。

到了 1989 年 8 月左右，他要回北大了，我再次向校、系兩方面的領導提出留下陳少峰。系裏堅決不同意。後來我又去找汪儀酋副校長，汪副校長說留下他名額上有困難，但同時又問了我倫理學與社會學是否有關係。我回答說當然有關係了，並作了詳細的解釋！汪副校長說：「您可以找社會學系王思斌談談這個問題，先做兩年博士後，拐個彎就留下了。」

我於是找到王思斌，可他表示名額有限，非常爲難，他又讓我去找社會學所潘乃木所長。我與潘所長很熟，她表示可以考慮，但正式名額已滿，只能通過計劃外進入。我說可以，計劃外也行，留下就好。她說，計劃內教育部撥款，計劃外則要自己或自己單位負擔費用。

如此，我心裏就有底了，於是去找系總支書記施德福，說留陳少峰任教一事。他說：「不行！此人無組織、無紀律，私自決定多留日本一年，『六四』動亂時，又聽說他參加了遊行。這樣的人不能留！」

我說：「無組織、無紀律，是該批評。但不能因此妨礙留校工作。」

他說：「那參加遊行，總是個問題吧？」

我說：「我已經調查過了，就是參加了一下游行，此外沒有別的問題。」

他說：「那也不行。你找誰調查的？」

我說：「我找的是中國駐日大使館教育參贊彭家聲先生調查的。」

他說：「不行！不行就是不行！」

我說：「沒法不行。教育參贊說沒別的問題，你也不相信嗎？那麼找誰證

明呢？難道要找江澤民同志作證嗎？」

　　我最後攤牌說：「陳少峰留定了！我留不下他，我大頭朝下走出你的家門！你看著辦吧！」

　　說這話固然是吵架方式，他愛人周老師在一旁說：「老魏，你們都是同事，都是為了工作，有事好好商量嘛，何必說這麼極端的話呢？」

　　我說：「您說的對，是我不夠冷靜。對不起了！」說完我就起身離開了施書記的家。

　　後來陳少峰終於到社會學所做了兩年博士後，留校工作了。

　　陳少峰留系工作，表現是好的。不久寫出了《中國倫理思想史》上下冊，我還在梁柱副校長跟前推薦了他的著作。

　　後來，陳少峰又寫了《倫理學的意蘊》之類的著作。他是一位有才氣、有水平、有能力的青年教師，可惜他後來又去從事文化產業的研究。這固然是一個新的研究領域，但沒有足夠精力研究中國道德哲學史，多少有點可惜啊！

　　這兩個人都不是我的嫡系弟子。留人要無私心，是人才，就要衝破一切障礙、堅決留下。

還債的故事

可能是上個世紀 90 年代仲秋時節某一天的一個上午，一位鄉下來的農婦大姐，由她的兒子陪同到我們家走親戚。

她是我夫人娘家的叔伯姐姐，可謂至親。大約 50 多歲，60 上下的樣子，看上去身板很硬朗，說話利落，精神頭好。她說，多年不見我們，想來看看。她給我們家帶來家鄉的農副產品：花生、玉米渣、黃豆，還有酒。吃完中飯後，她與她的兒子就準備起身回豐潤老家。我們熱情挽留她多住幾天，順便逛逛北京。她說：「家裏有農活，不能多呆」。說著說著，從懷裏掏出 400 元，說：「十幾年前借你們 400 元錢，今日還你們。對不起了，這麼多年沒有還給你們，耽誤你們用了。」我見此情景，心裏非常感動。

一位樸實、節儉的農婦，省吃儉用，把錢積攢下來還債，這是一件多麼令我感動、令我敬佩的事啊！

當時在農村種田的農民，秋天收穫的玉米，不值幾個大錢。每次估計每斤 5 角錢左右。這得賣多少斤玉米，才能賺到 400 元！

我是農村長大的，我知道農民的辛苦與艱難。我怎麼能忍心收下她還來的 400 元呢？我不但沒有收，還給了她 400 元，作為回家的盤纏。她不要。我好說歹說，她不好意思地收下了。我說我比你富裕，掙錢多，沒有關係，收下吧。

我為什麼這麼做呢？因為我看到這位大姐，便想起我那早已故去的母親。我母親也是一位老實巴交的農婦，一輩子辛辛苦苦，沒有過過一天好日子。吃、穿、住、行都是低水平的，就是維持生命運行而已。這是絕大多數中國農民、中國農婦的生活現實，面朝黃土背朝天。年年月月，日日如此。

但他們沒有怨言，沒有牢騷，只知道默默無聞地幹活再幹活。

　　我們這些知識分子，是農民養活了我們。我們不可忘恩負義，我們要努力工作，爲他們過上好日子多做一點貢獻。

　　農民有許多優點，值得我們學習。學習他們的勤勞、樸實、誠實、節儉。我們城裏人，我們知識分子，應當有「自知之明「，知道自己的弱點和局限，不斷地反省自己，保持與工農大眾在思想感情上的一致。千萬別忘了他們！

「六四」保護學生二、三事

1989 年 6 月 4 日，距今 20 多年了，那天北京城裏發生了驚天動地的大事，天安門廣場的流血事件，震驚中外，幾路大軍從四面八方調進城裏，整個北京城陷入一片紅色恐怖之中。學生們為反腐敗、反官僚特權，要求實現民主政治而聚集天安門廣場，不肯離去，已堅持一周有餘。京城各界百姓積極聲援，當然事情比較複雜，有國外反共反華勢力，伸進黑手，人民內部矛盾，敵我矛盾犬牙交錯。的確複雜難辨。

當局缺乏政治智慧，急不可耐，動用軍隊武力鎮壓，釀成流血事件。我在這場事件中，身為教師，同情學生，對參加「六四」民主運動的所謂犯了錯誤的學生一律高擡貴手。反對以言治罪，主張批評教育了事。回憶二十多年的往事，值得告慰後人的有：

冒險保護學生。記得 6 月 4 日當晚北京城內，北大校內緊張恐懼的空氣彌漫著各個角落，學生們不敢住在宿舍，紛紛外逃，有的連夜離開學校奔赴老家，有的到教師家裏避難。

有些教師不敢留學生，唯恐受到牽連。

我不同，我不害怕。那天晚上，在我家客廳留住了 4~5 位學生，這裡有我的東北籍一名碩士研究生，還有兩名同系學生，其餘是我們樓下的物理系教師的學生。他們的老師很為難，不敢留他們住下，我把他們帶到我家裏，其實我和這些學生素不相識。我只是同情他們而已。第二天一大早他們幾個都離開了，這樣會安全些。這件事似乎沒什麼，可是如果沒有正義感，沒有膽量，是不敢這麼做的。因為我身為紀委委員，這樣做領導一旦發現，我輕則受到批評，重則將受到黨的紀律制裁。

　　我的學生 A 君參加天安門廣場絕食一周有餘。系領導動員他們撤回學校後，我沒有批評這位學生。相反卻好言安慰。

　　當時面臨一個問題，「六四」運動之前的研究生評選獎學金，當時我有 2 名碩士生，我全力推薦 A 君得到系領導批准。參加「六四」絕食所謂犯了「政治錯誤」的人，還能獲得獎學金嗎？行政副主任主管這件事，說：「老魏，獎學金別再給這位研究生了，因為他參加了絕食，再給他獎學金，校領導一旦知道了不會批准，反倒會怪罪下來，怎們辦？」

　　我說：「不怕，我頂著，我主張還是給他。為什麼呢？因為他出身貧寒，共產黨解放了他們，他對黨和政府感激不盡，不可能去反對共產黨。給他獎學金，會把他拉向我們一邊，不給的話，反而會把他推向對立面。」那位領導認為我言之有理。最後決定還是給他。

　　畢業時，據我瞭解人事檔案中，無什麼記錄。他被分配到東北某地鋼鐵公司黨校工作。

　　不久，黨校派人事幹部到校找我瞭解 A 君「六四」動亂時期的表現。來人說，我們總公司準備提拔他當領導，請您認真負責的回答我們提出的問題。有調查表一份，那裡有詳細詢問，諸如圍堵軍車沒有？遊行沒有？絕食沒有？我一概回答沒有。據我所知，這些活動該生沒有參加。

　　最後那兩位同志說，那好，請您在調查表上簽字吧。我毫不猶豫地簽了字。

　　A 君，果然不久擔任公司煉鐵廠副書記，他大概幹得很好。沒過兩年任命他為×××鋼鐵聯合總公司的副總裁。

　　八九年寒假前大概是元旦過後沒多久，北大電教禮堂發生一場大辯論。偌大的禮堂足足做 4～500 人之多，連走廊、過道、窗臺都坐滿了。有北大的人也許還有外校的人。

　　那一天的上午，也許是下午，具體時間不是記得很準。北京市領導王家謬書記、大學工委書記任延伸、市委秘書長袁立本、國務院政策研究室主任袁木、北大黨委書記王學珍、副書記、紀委書記郝斌等等出席，就有關問題進行對話，先是領導講話，接著群眾提問，領導作答。

　　其中法律系一個研究生提出八九個問題，領導尷尬無法回答，他提的問題，我諒領導不敢作答，他問：「天安門事件這麼大的問題，派了那麼多的軍隊進京，中央軍委、人大常委討論了沒有？是誰決定這麼辦的？

「鄧小平是第二代中央領導班子的負責人，趙紫陽胡耀邦都出了問題，他有沒有責任？如果說有責任，這是怎樣一種責任？」

主席臺上的人面面相覷，無一人應答，沉默片刻。袁立本起身問道，方才這位同學請你自報一下自己的單位、姓名好嗎？下面的聽眾有一大群人站起來，振臂高呼不能報姓名，你問姓名幹什麼！有些人大聲喊道，袁立本你問姓名幹什麼？會場氣氛頓時緊張起來，最後怎麼收場的？我當時沒有在場，不得而知，上面這些情況是與會人員回來告訴我的，我相信不會有太大的出入。

我們紀委奉市紀委之命研究給那位提問者以黨紀處分時，我參加了會，一次事前通氣會，由校紀委一位副書記單獨給我講的，因為通氣會，那天我因故沒有到會，他問我對話會參加沒有，我說沒有。他把「對話會」情況簡單向我通報後說，市紀委指示要處分那位提問題的黨員學生，我說憑什麼處分啊？書記說，不處分不行，因為提出的問題太尖銳了，有煽動性。動亂剛平息下去，又提出這麼多問題，不是又要煽動鬧事嗎？我說不會吧，哪有那麼嚴重啊！，他說就是那麼嚴重，要不你先看看材料吧。根據現場材料是錄音錄像整理的比較準確。我說不必看了，我知道那天會場的情況，我現在問你，其他委員什麼意見？他說其他委員只有一人反對處分，其餘都同意紀委的意見。你怎麼樣？你是什麼態度？我回答說，歷史的教訓不能忘記，我們不能以言治罪，所以我不贊成處分。但可以對他批評，讓他做出深刻的反省和檢討就行。我又問，開對話會前有沒有規定什麼問題可以提問，什麼問題不可以。他說好像沒有這樣的規定。這不就結了嗎。既然如此，人家什麼問題都可以提問，提錯了不要緊，解釋一下就行了，沒什麼了不得的，何必處分呢？！書記說，那可不行，又說這麼著吧，過幾天我們開會，會上討論決定。沒過幾天我們紀委開會了，委員幾乎都到了會，討論對那位大膽提問的同學的處分問題。大家幾乎都同意市紀委的意見，連那一位原先不同意處分的人如今也同意了。不同意處分的人只剩下我一個，我重申了不能處分的理由，並且說，這樣處分人家，我們會重犯歷史上以言治罪的錯誤。我主張法律系召開黨員大會，責成他檢討，會上校黨委領導出席，批評了事。書記說這是市委的決定我們不能違反，我說什麼叫違反？他們做得不對我們也要服從嗎！書記說，是的就得服從！我說明知不對也要服從，明知錯了也照辦這叫什麼事啊！書記說，老魏不必顧慮，市委錯了我們跟著錯，市委糾正了我

們也跟著糾正啊！你說不這麼辦還能怎麼辦呢！我說，有，頂著不辦！他說這可不行，上次我們討論熊炎問以前幾次學潮的活躍分子，我們不同意處分，市紀委已經批評了，這次不行了！說起了熊炎，我曾經三次為他說話，堅決反對處分他。最後說，這樣大家舉手表決吧，我們紀委開會常常是議論議論就口頭表決，這次例外，舉手表決，我不舉手，我投了反對票，這在紀委有記錄可查。

我知道後來給了這位同學黨內嚴重警告處分，責令退學回原單位，他不服，被迫簽字同意處分，墨跡未乾就翻案，但據我所知，學校和市委不再理睬。

從此之後，領導與群眾之間交流思想面對面聽取群眾意見的「對話會」被取消了，領導與群眾的隔閡日益加深。

八百元退稿費

　　記得 1996 年某一天，我忽然接到北京市委宣傳部的一個電話，電話說話的人自我介紹說，他是市委宣傳部的幹部，奉市委宣傳部長李志堅的指示詢問我，撰寫「人人爲我，我爲人人」的文章寫得好，不知你的根據在哪？對文章外界反應如何，有人寫反對文章嗎？，我如實的作了回答，說，人人爲我，我爲人人是列寧一篇文章中提到的。1922 年，俄國修建喀山至莫斯科鐵路，是組織人們義務勞動建成的。列寧稱讚這種事情是共產主義新生事物。於是撰寫了一篇「從修建喀山至莫斯科鐵路之義務勞動到全俄星期六義務勞動」一文，文中批評說，「人人爲自己，上帝爲大家，是可詛咒的舊社會的道德，新社會的道德則是人人爲我我爲人人」。讓這種新的道德在全社會普及，我同時告訴他說，反對我這篇文章的人有人大的宋希仁。

　　他說請我把列寧的文章電傳給他。沒過幾天，北京市委「前線」雜誌第一編輯室主任到我家拜訪，請我再仔細審視原文，做適當修改，寄給前線雜誌。我感到很高興，用心寫好，很快寄去但沒及時發表。後來聽說，李志堅閱後批示「待發」，原因是等中共中央第十二屆六中全會正在召開，討論關於社會主義精神文明建設若干問題的重要決議，看看文章與決議精神一致與否。但是他們很客氣，先付給我八百元的補償費，」決議發表後，他們又說，可否把人人爲我，我爲人人與爲人民服務聯繫起來？我說可以，爲人民服務簡而言之就是彼此互相服務，我爲你服務你爲我服務，人是服務者又是被服務者，他們說準備擇機發表。

　　我深入思考，皓首窮經，明確意識到，我爲人人，人人爲我，與中國傳統倫理，孫中山先生的思想相吻合，中山先生說，舊社會的道德以奪取爲目

的，我們的新道德以服務爲目的。故此可以說我們講爲人民服務，即我爲人人，人人爲我，是對中山先生革命道德的繼承和弘揚。

於是我更加有理由講「我爲人人，人人爲我」，不但有列寧主義的根據，又有中山先生思想的根據。我又進一步做了發揮，主要是三點：第一是，它的本質是平等互助，具體地講，他是權利和義務相一致，目的和手段相統一，利己與利他相整合；第二點，爲人民服務既然是社會主義的道德核心，那麼它就是社會主義道德總括詞，內在的涵蓋有集體主義、人道、公正、誠信等諸原則；第三點，今天講爲人民服務與往昔不同，它不只是階級道德，具有階級性，又具有全民性。

我的這些論點，本來是與時俱進的，革故鼎新的，應當受到肯定，可是相反，又一次被扼殺了。前線雜誌的主編在中央黨校學習，看見夏偉東批判「我爲人人，人人爲我」的文章，說，這話列寧講過，「聖經」裏也講過，恐怕是來自聖經，於是他告訴前線雜誌責任編輯，別再發表魏教授的文章。

後來前線雜誌又來人，賠禮致歉，我還開玩笑說，上次退稿費八百元，這次準備給多少啊？恐怕八百元不夠了吧！大家哈哈一笑了之。

後來，這篇有獨立見解的文章發表在其他雜誌上了，我寫這篇短文，目的不是算舊賬，更不想批判我的那些左派同學同事，而是想總結經驗，告知後人，學術問題要允許有不同意見，不要因爲與我不同就視爲「異類」，一棍子打死。

好在這樣的社會環境漸漸地遠去了，寬鬆的學術氛圍一天比一天好起來，這是值得歡迎的。

我和倫理學教研室

　　1978 年中共十一屆三中全會是一次歷史性的會議，這次會議宣告文化大革命的徹底結束，終結了以階級鬥爭爲綱的「極左」時代。開闢了改革開放的新時期，以發展生產力爲中心，整個社會生活發生了翻天覆地的變化。

　　隨著廣大幹部和群眾冤假錯案的平反、改正，在意識形態領域，在教育領域也對一些學科、專業進行「平反」，把 1952 年院系調整當做資產階級意識形態的倫理學，心理學、社會學專業一併恢復招生。

　　北大哲學系在這個大背景下，在 1978 年成立了倫理學教研室。此前，雖無教研室，但有個三人組成的倫理學教學小組，即周輔成、張文儒、徐明。由於階級鬥爭與政治運動的干擾，北大倫理學課沒有開成。

　　1978 年倫理學教研室由周輔成先生擔任主任，我任副主任兼支部書記，成員還有金可溪、蔡治平、王夢真。周先生在教研室建立之初，以前蘇聯倫理學教科書爲藍本曾帶領我們學習討論倫理學知識，其他具體工作，全落在我身上。由我出面，組織人員、制定教學計劃、編寫教材與相關資料、安排招生等。

　　當時倫理學教研室，除本科開設倫理學原理外，研究生有二個專業即倫理學原理專業、西方倫理學史專業。

　　教研室在全盛時期有九名成員。除前述 5 名外，還有姜新豔、萬俊人、陳少峰、程京。

　　80 年代中期到 2000 年爲止，陸續有王海明、何懷宏、程煉來教研室工作。

　　當時我們教研室開設的倫理課，有倫理學原理、中外倫理學名著選讀、

倫理道德問題研究、英文倫理學原著選讀、中國倫理學名著選讀、西方倫理學名著選讀（英文）、中國倫理思想史、西方倫理學史、現代西方倫理學史等等。

自1982年以來，西方倫理學史、倫理學原理兩個專業培養碩士生39名、博士生 1 名。畢業後他們在教學科研部門、雜誌、媒體、黨政機關工作得很出色，幾乎都是骨幹，諸如教授、主編、新聞評論員、專欄評論家等。

1986級碩士生，現任湖南師大博士生導師、倫理學研究所所長王澤應教授，著有《馬克思主義義利觀》、《現代新儒家研究》、《倫理學原理》等在中國倫理學界頗有影響。

1982級碩士生姜新豔在英國倫敦政治經濟學院進修，美國辛辛那提大學讀博士，現在就職於美國加州雷德尼茨大學，開了好幾門課，諸如倫理學概論、中國倫理學史、康德倫理學等，是那裡的終身教授，也寫了不少的著作，新近出版一本關於功利主義大師約翰·穆勒的書：《為了人類的幸福》。

1999～2000年我的高級訪問學者北京建築大學青年教師秦紅嶺於2003年發表《建築倫理的意蘊》一舉成名，一發不可收拾，又陸續發表了《城市規劃——一種倫理學批判》（2010年）、《她建築——性別視角下的建築倫理》三本學術著作，此外還於2009、2011、2012年主編建築倫理三本書籍，牢牢地樹立起她在建築倫理學研究中的領先地位。她是中國哲學界唯一的跨倫理學與建築學學科的研究者，打通了二者之間的關係，在哲學、倫理學界頗有影響。

我們倫理學教研室培養的研究生中，1983屆碩士生萬俊人也是一個佼佼者，他撰寫的《現代西方倫理學史》（北京大學出版社，1999年版）是拓荒之作。還有若干譯著，把北大西方倫理學傳統繼承下來。他在中國哲學界、倫理學界有很好的聲望，是公認的有真才實學的人。目前，他是清華大學的長江學者、人文學院院長、中國倫理學會會長。

值得一提的是我們倫理學專業1996屆碩士畢業生楊華，從事企業管理工作，頗有成就，任職鞍山鋼鐵聯合總公司副總裁。哲學文化人博士劉光彩與其夫合作辦畫廊，近年來先後在瑞士、意大利、法國搞畫展，把中國文化傳播到海外，有相當可觀的成就。

此外，如廣州師大的江雪蓮，雲南師大的雷希，鄭州大學的魏長領等，在高校晉升為教授、博士生導師、學科帶頭人，著作不少，有一定的影響力。

我們倫理學專業的教授們，著有倫理學原理、倫理學學術著作、中外倫理學史可謂全國一流水平。魏英敏專著有《當代中國的倫理與道德》、《毛澤東倫理思想新論》（主編）。教科書《新倫理學教程》（1993 年北大出版社出版）年年重印，每次重印在 3000 冊，2012 年兩次重印計 6000 冊，接著又再版（第三次），印 5000 冊。

金可溪《蘇俄倫理道德觀演變》，萬俊人《現代西方倫理思想史》、《沙特倫理思想研究》、《倫理學新論》、《比照透析——中西倫理思想現代視野》，陳少峰《中國倫理學史》、《生命的尊嚴——中國近代人道主義思潮研究》，朱伯崑《先秦倫理思想史》、張岱年《中國倫理思想研究》。

北大倫理學著作之多之全，在 2000 年之前居全國之首，這是鐵一般的事實。

北大還有獨特的倫理學傳統。早在 1914 年建立哲學門時，就有康心孚講授倫理學課，1917 年蔡元培擔任北京大學校長。蔡元培是現代中國倫理學的主要奠基人之一，在倫理學與中國倫理學史領域的著述、翻譯和教育幾個方面成績卓著。就任北京大學校長後，蔡元培還發起成立「進德會」，以砥礪師生的德行。1918 年由蔡元培邀請湖南第一師範楊昌濟擔任倫理學教授，他非常注重中西匯通。楊昌濟逝世後由張競生講授倫理學。五四新文化運動時期，陳獨秀、李大釗、魯迅等北大教授，通過《新青年》雜誌發起對封建倫理批判運動，並有學生社團新湖社及其編輯的《新潮》雜誌與之呼應，在倫理思想上產生極大影響。1923 年新文化運動的科學與人生觀問題的爭論，推向另一個思想的高潮。同年哲學系全年級同學舉行談話會，討論課程問題，其中一項重要決議，為「倫理學、倫理學史，每年都應講授，不能任意取消。」

1925 年張競生發表《美德人生》，張頤出版博士論文《黑格爾的倫理學》（英文版）。1927 年起由黃建中講授倫理學和倫理學史。黃建中在 20 世紀 40 年代發表《比較倫理學》，這是一部比較有影響的倫理學專著。1931 年起至西南聯大時期，哲學系分別由黃方剛和賀麟講授倫理學和價值論。

1937 年抗戰爆發後，北大南遷，與清華大學、南開大學合組「國立西南聯合大學」，倫理學課由賀麟、石峻講授。接著是馮友蘭以其「貞元六書」中的《新世訓》、《新原人》為教材講授倫理學外，鄭昕講授選修課康德倫理學。1947 年賀麟發表重要的倫理學、儒家文化著作《文化與人生》。

　　1952 年根據政務院《關於改革學制的規定》，全國高校院系進行調整，倫理學專業雖被取消，但從事倫理學研究的教師大有人在，如賀麟、鄭昕、張岱年、張東蓀、周輔成、唐越、石峻、朱伯崑等。

　　1957 年唐越發表譯著，康德的《道德形而上學探本》，同年馮定調入北京大學，於 1959 年發表《平凡的真理》，對共產主義道德與共產主義人生觀的研究具有重要意義。1961 年，哲學系增設選修課《共產主義道德概論》，是年周輔成發表《論董仲舒思想》。

　　1978 年倫理學教研室宣告成立，本科生開設必修課。1984 年魏英敏、金可溪合編著《倫理學簡明教程》問世，1982 年周輔成主編《西方著名倫理學家評傳》、《西方倫理學名著選輯》相繼出版發行。（以上參見《北京大學哲學系史稿》）

威廉斯堡紀行

　　2002 年 10 月 27 日，星期天，天高雲淡。我們的女兒魏欣，駕駛一輛白色的小轎車飛馳在華盛頓至弗吉尼亞州威廉斯堡鎮的高速公路上。

　　轎車行駛約 3 個小時到達目的地。高速路來往並排 6 車道，小轎車、運貨車等穿梭似的急駛著。路兩旁連接不斷的樹林形成了一眼看不透的樹牆。秋天的樹林呈現綠、紅、橙黃三色相輝映的景色。樹牆間斷處，進入視野中的一大片又一大片的多為樹林，或木柵欄分割的農田或牧場。綠色的牧場上，花牛、黃牛、黑馬三五成群悠然自在地低頭吃草，農田裏的玉米稭在微風中抖動。白色別致、各式各樣，二層樓的農舍，星星點點地分佈在田野中、樹叢間，好一幅大自然的美景圖畫，深深地印在我的腦海中。

　　威廉斯堡是一座古老的城鎮，三百多年以前，英軍首先在這裡登陸，進入今日的美國領地。美國人在這裡建立了殖民地，設置了總督府、行政機關、警察和軍隊。

　　美國人的總督府、法院等至今完好地保存在這裡。鎮壓當地居民的斷頭臺，也還矗立在街頭，供遊人玩賞。

　　威廉斯堡城鎮不大，人口不多，大約十幾萬人吧，其中有許多人是英國人的後裔。這裡環境幽靜，大樹成片，其中有不少古老的樹木。街上的樓房小巧玲瓏，古色古香。多為紅磚牆、灰瓦頂，二層樓或平房。門旁掛著英國的旗幟，店鋪林立，許多古老的作坊，店員幾乎都穿 300 年前樣式的服裝。在鎮中心的十字形大街是寬寬的步行街，禁止汽車通行。人們到達這裡，彷彿回到了 300 多年前的古老社會景況。

　　這裡的風光、景色吸引了我們。可是更令我們感慨萬千的是威廉瑪麗學

院。這是美國最古老的大學之一，除了哈佛之外，就算她了。威廉瑪麗學院先後有至少 5 位總統就讀在這裡，著名的美國《獨立宣言》的起草人之一，美國第三屆總統托馬斯・傑斐遜就從這座古老學院畢業。

我們的女兒魏欣三年前有幸從這裡完成了碩士學位的課程，回到祖國，回到北京，回到中國人民銀行工作。她畢業兩年後重返華盛頓，作為中國中央銀行的一名職員在這裡的國際貨幣基金組織工作。

我們作為父母為有這樣的女兒而自豪、驕傲。

我們的女兒五年前進入這座古老大學讀書時，是比較艱苦的。中國中央銀行給了一定的支持，出了一年的生活費。此外，家裏的支持很有限，全靠自己打工完成學業。又讀書又打工，不容易啊！可是她很頑強，經過艱苦努力完成了學業。

撫今追昔，感慨萬千。如今我們的女兒成長起來了，成為了一名稱職的好的工作人員。

我們懷著濃厚的興趣，參觀了當年她住的宿舍、上課的教室、自修的閱覽室。我們邊走邊看，也追思著往事。我們做夢也沒有想到會到我們女兒在美國讀書的學校看一看。

當年的宿舍是紅磚三層樓，人字形屋頂，4 人一套間，每人一間臥室。室內的床、桌子、椅子、書架，全是本色的木製品。還有一個鑲嵌在牆裏的衣櫥，一個供 4 人共用的廚房和客廳。客廳有沙發、電視、電話，此外還有兩個洗漱間。應當說，宿舍設備是相當好的。

尤其值得一提的是這座古老的大學裏有一幢美國最古老的寫字樓，那是 1795 年建造的，至今還在使用。這是紅磚、木地板式的三層樓房，傢具古樸、結實，做工精緻。我們參觀這座教學樓中的會議室，會議室一側掛著歷屆校長的油畫像。會議桌、椅子全是十八世紀的英國樣式。接著我們還參觀了樓內的小教室，簡潔大方而又明快。沒見瑪麗亞神像，但見十字架神位，兩排面對面的桌椅。古老教學樓在一個似乎獨立的院落中，四周有矮牆，院內綠樹成蔭，又粗又高的古樹稀稀拉拉地分佈於四周。校長辦公室在院內兩側小樓裏。古老教學樓前中央位置還有銅質人物塑像矗立在那裡。

這座學校越有 8000 名學生，設有法學系、外語系、經濟系等等。學校無院牆，四周綠樹環抱，綠地成片。在和煦的陽光下，綠色的冬青樹分外的鮮亮。紅色、黃色、由綠變黃再變紅的楓樹，在秋風裏沙沙作響。

　　約下午四點，我們懷著戀戀不捨的心情告別了威廉斯堡，告別了威廉瑪麗學院，轎車飛速地消失在地平線之外。

　　啊！威廉斯堡，威廉瑪麗學院，美好的印象，將永遠留在我們的記憶中。

參觀臺北中華技術學院有感

　　在臺北有幸參觀《中華技術學院》十分高興。在這裡我看到了美麗的校園，先進的教學設備、接觸到一流的教師。印象最深刻的是各教學單位、圖書館、閱覽室、自修室，幾乎全部電腦化，與外界，全省甚至全球，在瞬間都可以進行溝通與交流。

　　我相信，在這樣環境裏學習、工作的師生都會有一種非常幸福，非常快樂的感覺。據說培養出的學生學用一致，深受社會歡迎，學校辦的這樣好，很不容易。

　　校長，孫永慶先生，年事已高，八十五歲高齡，全身心地投入，成功地辦了這所私立大學。孔子說：「發奮圖強、樂以忘憂、不知老之將至云爾」生命不止、奮鬥不息。這種卓越的奮鬥精神，在孫校長身上得到了弘揚。這是最令我們感動、最令我們敬佩之處。該院校訓「誠、正、法、新」。這四個大字，是傳統與現代的結合，所謂「誠」，即為誠實，所謂「正」，即為公正，亦即為義。這二點是中華民族世代相傳的美德。「法」即為守法，「新」，即為創新。這後二點是現代社會、現代人，必須具有的倫理觀念和行為品質。

　　這裡四個大字的校訓中，我們看到該校的領導眼光遠大，重視人文。這就意味著，培養的人才，必然是品學兼優的，不但有先進的科學、技術知識，還必須具有優良的品德和人文素質。正如孫校長所說：「科技與人文絕對缺一不可。缺乏人文素養，就會變成一個機器人。失去人生的價值。」

　　最後，我還要指出，該校固定的醒目標語牌，訂在走向教學樓一側臺階的牆壁上。上面寫著「中華一家」。是啊！「中華一家人、兩岸心連心」。我們中國人，一百多年來，遭到列強宰割，受到了他們的欺凌。原因之一是我

們自己不強。我們必須記住，努力工作、努力建設、努力發展經濟、科技與文化。兩岸的中國人同根、同源、同祖、同宗，我們是血脈相通的兄弟姊妹，讓我們捐棄前嫌，團結向前看，加強溝通，增進親情和友誼，爲振興中華，爲建設一個大中華而同心同德，攜手並肩努力向前進。

北京大學教授　大陸學者副領隊
魏英敏　2002 年 12 月 13 日
寫於臺北中華技術學院

北大三十年——順說人大十五年

50 年過去，彈指一揮間。當年我 21 歲考入中國人民大學哲學系，攻讀哲學專業，如今我已過古稀之年。

沒想到我竟是一名實足的老人。時間是無情的，想留，留不住，想拴，拴不住。時間又是公平的，無論什麼人，在時間面前都是平等的。不管大人物、小人物，終究是要老的，老是不可改變的客觀法則。

讓時間倒轉 50 年前，回憶 1956 年秋季入學的情景和其後在人大讀書工作的 15 年時光，很有意思。

1956 年的 9 月，我揮淚告別了生我養我的故鄉，從哈爾濱乘火車，直奔偉大祖國的首都——北京。到人民大學註冊、報到，我被編在第 6 班。

6 班的同學有 28 名，來自祖國各地，各個英姿勃發，生龍活虎，都有顆火熱的心，向科學進軍，都有成爲未來哲學家的雄心壯志。

我們有機會成爲中國人民大學的學生，成爲共產黨親手創辦的新中國第一所大學的大學生，有多麼榮耀、多麼自豪、多麼幸福啊！

我們的校舍坐落在東直門內海運倉。這是舊中國朝陽大學的舊址。校園內南面是兩座四合院，是我們的教室。東南面一棟青灰色的二層樓是幾個系的辦公室。西南面有一片黃色二層樓是中共黨史系，馬列主義基礎系的學生住區。我們哲學系住在北面靠近邊牆的幾棟紅色的平房裏。我們東面的一棟紅色的 4 層樓是經濟系所在地。校園中間是一個好大的體育場。體育場的西北角還有一個小小地四合院，大概住著青年教師。

人民大學好大，好大啊。校部機關，在東四 12 條是座王爺府。鐵獅子一號，是當年段琪瑞的執政府，那是我們的校本部，在西郊還有一新校區，那

裡有法律與若干部門經濟學系。

我們的伙食分三種竈，小竈是教授、領導幹部用餐處，中竈是一般教師、調幹生用餐處。我們在大竈用餐。早餐較簡單，稀粥、饅頭和鹹菜。午餐、晚餐四菜一湯，二葷二素。主食米飯、饅頭、餃子、麵條、蛋炒飯等，主副食品種不一。

伙食標準每月 8.5 元。對我們這批青年學生來說，就是「天天在過年」。當時在外地中學寄宿生伙食標準 3.5～4.5 元，是相當清苦的。

我們教師班子的配備陣容強大。教授哲學課的是年輕有爲的徐琳副教授、教授高等數學的是科學院數學所所長、數學家關肇直先生，教授中共黨史的是海派人士盧勉馳先生，教授心理學的是師範大學心理學教研室主任彭飛教授。

我們入學的那一年，人大實行教育改革，爲適應國家經濟文化建設的需要成立四大理論系，即哲學、中共黨史、政治經濟學、馬列主義基礎。從當年的高中畢業生招收學員，兼有部分調幹生。在此之前人大只招收在職人員，編入二年制研究生班，經過培訓便分赴全國各地，各個機關、團體、經濟、文化、企業等部門，作領導工作。故此人大有第二黨校之稱，是爲國家、爲黨培養幹部的地方。

在這所大學讀書，我感到格外的榮幸，十分的自豪。

當時我們採用蘇式教學方法，用蘇聯的教材，考試以口試爲主、抽籤回答考題，並實行五分制。課堂討論，嚴肅、認眞，有專門下班主持討論的青年教師，諸如汪永祥、陳先達、楊炎、王蟬、范芒、丁葉來、羅定虹等，這一切都使我們感到新鮮。課堂討論氣氛熱烈、活潑，發言踴躍。

這種方式有很多好處，鍛鍊了學生的語言表達能力，思維反映能力與應變能力。在人大學習這四年，實在說來，我們學習的東西不多。因爲 1957 年上學期大約五月份，開始整風學習，接著反右派鬥爭，使得我們不由自主的捲入了政治運動。從此，我們的功課，幾乎全部中斷了。許多哲學專業課是後來走上工作崗位上起早貪黑補上的。

儘管如此，在人大學習 4 年，工作十一年，我所受到的馬列主義理論的薰陶，人大優良校風，理論聯繫實際的好傳統，都令我終生難忘，受用無窮。

記得當年給我們講授哲學原理課的徐琳教授，不是一上來就講原理，而

是從哲學史講起，從古希臘羅馬哲學講起，即德摩克里特、赫拉克、柏拉圖、亞里斯多德等，給我們的第一印象，哲學就是智慧、哲學是智慧之學。

雖然講了一學期，還沒講完，以後因為政治運動的衝擊，真正的原理課，並沒有開講。然而這入門的第一步卻非常重要，今日細想起來，這是史論結合的教學方法，史論相脫離、只講史，沒有論作指導，是一堆雜亂無章的資料，只講論，不講史，論是空洞無物的，乾巴巴的教條。所以史論結合，匯通中西，是做學問的正途。這無論對史學者或對論學者都是共通的道理。

徐琳教授史論結合的教學方法，論中帶史，史中有論，給我以莫大的啟迪。我後來走上倫理學之路，寫的教科書，學述專著及課堂教學就是按這種思維邏輯，講授方法進行的，並有所發揮。

當然，史論結合的研究方式，教學方法，許多學者都知道，但是自覺的運用、創造性的發揮則是不容易的。

我知道馬克思主義倫理學理論著作第一本書，是普列漢諾夫著《人生哲學與唯物史觀》（1933 年商務印書館）。這本書是史論結合式的著作，全書 5 章，第 1 章古代的與基督教的倫理觀；第 2 章啟蒙時代的倫理觀；第 3 章康德的倫理觀；第 4 章進化論之倫理觀；第 5 章社會主義之倫理觀。目錄一目了然告訴我們這本書把古代、中世紀、近現代與馬克思主義倫理觀結合起來寫作的，全書是以論統史。重點在闡釋社會主義的倫理觀。

當代中國臺灣國立師範大學龔寶善教授著《現代倫理學》（臺灣中華書局，1978 年）也是一部成功的以史論結合，以論帶史的倫理學著作，全書 18 章，3 章寫史，其餘各章節都在寫論。

這種寫作方法的特點，是倫理思想形成發展的脈絡清晰可見，現實的倫理學理論與歷史上倫理學的淵源，承接的邏輯秩序都可以一目了然。

勿庸諱言，我主筆撰寫的《倫理學簡明教程》（參與者金可溪）自覺不自覺地受到哲學啟蒙老師徐琳教授和考茨基、龔寶善先生的影響。這書 1983 年出版，共計 12 章，3 章寫史，即馬克思主義倫理學產生前的中國倫理思想簡述、西方倫理思想簡述，馬克思主義倫理學的產生是倫理學史上的革命變革。此書不斷地重印，發行 13 萬 9 千 5 百冊之多。

我在人民大學讀書、工作、生活 15 年，在課堂內外、日常生活、在團委、分校黨委，工作，包括「四清」、文化大革命的經歷，給我以馬克思主義

哲學立場、觀點、方法的影響極爲深遠。可以說，我之所以成爲一名堅定的馬克思主義倫理學人，得益人民大學。

記得 1996 年前後，我們北大哲學系召開過一次有關哲學與倫理學的學術討論會，臺灣方面有哲學界著名學者，如哲學家韋政通先生、社會心理學家楊國樞教授、政治學家著名教授文崇一先生等參加。

討論會上韋政通先生發問道：我參加多次類似的學術討論會，發現大陸學者在學術與政治關係上，一年比一年有進步。但我不明白，爲什麼總得把學術與政治掛起鈎來，常常援引馬克思、列寧、毛澤東？

會上一片寂靜，在場的校內外有不少著名學者，我看他們無意回應，於是我馬上舉手發言。我說，韋先生的問題，我們曾經作過理論上的反思。哲學爲政治服務，毛澤東那個時代是普遍實行的原則。學者們從來就有不同的意見。哲學爲政治服務，不完全正確。

1958 年，「大躍進」，這是政治任務，爲完成這個政治任務，意識形態各部門，都要爲「大躍進」服務。如大煉鋼鐵。全民爲 1 千零 70 萬噸鋼產量而奮鬥，於是演鋼鐵、唱鋼鐵、繪鋼鐵、論鋼鐵，回想起來很是荒謬。

可是，我要問一個問題，有脫離政治的哲學嗎？據我所知沒有。哲學有爲自身服務的特徵。但自覺不自覺地總要爲一定時代的政治服務。以十八世紀德國著名哲學家黑格爾爲例，他講「絕對精神」的運動，從人類思維領域到自然界再到社會歷史領域，他講來講去，講到最後說普魯士王國是最好的政治制度。這不是哲學爲政治服務嗎？那樣抽象、思辯的哲學，也沒有完全脫離當時的政治，把哲學作爲神學的婢女是錯的，把哲學作爲政治的工具也是錯的，但哲學是不能脫離政治的，或公開的，或隱秘的，或直接的，或間接的，總是要爲那個時代的政治服務。

至於說，領導人如毛澤東他們的著作，他們的講話，我們學者要不要援引？這要看他們講的是什麼？他們講的東西有無科學性？是否是眞理？倘若是眞理，有科學性，爲什麼就不可以引用呢？在這個問題上，不能因人廢言。不能有偏見，還是實事求是的好！

會後北大陳來教授對我說：「魏老師您回應的很好，否則我們都沉默不語，那反倒不好了。」

晚餐會上，我與韋政通、楊國樞先生同桌，楊國樞先生說：「看來，魏教授是一個很有信念的人！」我說：「不錯，您說對了」。1997 年我們中國大陸

學者去臺灣，參加兩岸倫理學者關於儒家倫理與當代道德建設的研討會，我還專門拜訪了韋政通先生，我們談得很融洽竟成了好朋友。

類似這樣的情形，我在韓國、在日本都曾不止一次的遭遇過。我都能站在馬克思主義立場上，沉著堅定的回答對方的問題，闡釋我的觀點。這是馬克思主義的哲學給了我以勇氣，信心和力量。這一切都使得我永遠感激母校所給我的教誨與薰陶。

1957 年春天，整風學習期間，人大哲學系曾經鬧過並係風潮，挑頭的人就是我。我當時認為同在北京沒有必要在北大、人大設二個哲學系。且北大哲學系歷史悠久，大師雲集，可以學得更好。

這次風潮很快平息了，去北大的念頭，從此打消。萬沒想到 15 年後我竟進入北大工作。進北大是一次偶然的機會。文革中期毛澤東主席說：大學還是要辦的，先從北大、清華試點。招收一批「工農兵」學員，讓他們「上大學、管大學、改造大學」，簡言之「上、管、改」。可是誰來組織工農兵大學生的教學與管理工作呢？文革開始不久，毛澤東說：「北大廟小神靈大；池淺王八多」。教授、幹部不是叛徒、特務、走資派、就是反動學術權威。找不出人來組織管理教學。當時有個說法叫「摻沙子」，毛主席令部隊的軍人，工廠的工人，組織宣傳隊進駐高等學校，即所謂「軍宣隊」、「工宣隊」去「摻沙子」，平息文革的派別之爭，恢復秩序並領導教育革命與教學改革。但往往力不從心。他們政治強、思想好，但業務不懂，知識不多，辦不好教育，管不好大學。怎麼辦呢？到底是毛主席有智慧，從人大抽一批出身好、政治可靠、品學兼優的年富力強的教師進北大、清華，這也是一種「摻沙子」。在軍、工宣隊領導下，參加教育革命與教學改革。在這個背景下，出於我政治表現好，出身好，業務水平好，於是被選作「一粒沙子」，進入北大。外人不知當時的北大是軍事管制，系都是連。於是任命我做「哲學連」第 4 排長，即今日的班主任。管學員又管教師，這樣一幹就是 30 年，既教學又組織管理教學。

進入北大的我與人大的我，判若兩人。在人大的我，思想左傾，單純，簡單，很「革命」。到了北大，這時文革已近後期，我在思考著以往走過的路，雖沒認識到左傾路線的嚴重危害，階級鬥爭為綱的危害，但深感這條路線害了很多人，是不得人心的。尤其是 1974 年重新起用鄧小平之後，又批鄧小平。下面的阻力非常大。1976 年「四、五」運動之後，漸漸認識到「極左」

路線走到了盡頭，1978 年後思想大轉變。

我在北大 30 年，可以說是平凡一生中渡過的不平凡歲月。1978 年以後，我作哲學系黨的副書記 6 年，校紀委員連選連任 12 年。

哲學系當代中國著名哲學家、大師級人物，黃楠森、張岱年的所謂的「右傾」「右派」問題就是我親手做的平反結論。著名金志廣反黨小集團的平反，落實政策、以及他與離散二十二年的女兒見面等一系列工作，就是我作的。我深得哲學系師生的擁戴，校黨委的信任。有人說「魏英敏是哲學系良心的象徵」。為什麼會如此？這與我的「奮鬥」與我坦誠正直的為人有關。

「四人幫」垮臺之後，北京市委統戰部副部長，曾在北大哲學系、校黨委工作過的任寧芬同志，在全市統戰幹部會上說：「誰說，在四人幫高壓政治統治下，沒人敢公開對抗他們呢？北大有一個魏基本，就是其中有代表性的一個人物。他敢說我是無產階級知識分子，至少基本上是無產階級知識分子」。這個「魏基本」是工農兵學員，送我的綽號。事情原本是這樣，那時我們這些教師都是「工農兵」大學生的改造對象，我雖是「排長」也不例外。

每個教師都要在「工農兵」學員面前交待自己的歷史，自己政治表現，並作出評價。輪到我時，我說「沒什麼好說的」。「我們這些與新中國同時成長起來的知識分子，不是什麼資產階級知識分子，是為社會主義服務的勞動知識分子，無產階級知識分子」。

「至於說到我，無論從哪方面說，都是無產階級知識分子，說的謙遜一點吧，基本上是無產階級知識分子。」

於是會場一片譁然。有人站起來指著我的鼻子說，「毛遠新都說他是資產階級知識分子，你反倒不是，難道你比毛遠新還革命嗎？」

我堅定地回答說：「是的。我不知道毛遠新何時入黨，我是 1955 年高中時期入的黨，我家庭成份是貧農，又經過歷次運動的考驗，真正的『左派』，共產黨培養起來的一代知識分子，我不是無產階級知識分子，那麼誰是呢？說的謙虛一點基本上是無產階級知識分子。」這樣便引起學員們的不滿和攻擊。

我接著說，「毛遠新說他自己是資產階級知識分子，這話我沒聽說過，我倒是聽人家說，毛主席對他有批評，據說有一年秋天，在北戴河游泳，毛遠新沒遊多遠，就跑到岸上，披起毛巾被，他怕冷。主席上岸休息時與毛遠新

閒淡說，『你毛遠新這輩子不當右派，就是好樣的。』你們看，毛主席對他早有定論，他說自己是資產階級知識分子，看來是有根據的。然而我卻不同，我不是毛遠新！」

這一番發言，招惹了更大的麻煩，北大哲學系 38 樓周圍牆上貼滿了批判「魏基本」的大字報，什麼「對抗毛澤東知識分子思想改造的路線」，什麼「自吹自擂」，什麼「不知天高地厚了」等等，然而我自「巍然不動」。

實在說來，我在北大頗有點名氣。這不只是政治上的勇氣，敢說真話，敢和錯誤路線鬥爭，還因為我的課講的好，我的文章，著作寫的也好。

2004 年 5 月有一天，在藍旗營 11 號樓電梯上遇見我們北大年輕的常務副校長吳志攀教授。他說：「魏老師，你是我的老師！我是你的學生。」我說，不敢。你是法律系畢業的，怎麼會是我的學生。他說，80 代初你在地學樓 103 教室講倫理學原理，我去聽了，至今印象深刻，你講「大公無私」說，這不是共產黨的發明，《呂代春秋》中就有這個思想。孔子當年盛讚祁黃羊：「所謂內舉不避親，外舉不避仇，祁黃羊之論也，呵謂公矣。」這話我至今還記得。

這話不錯，我講課、發言、演講特點就是情理交融，聲情並茂，旁徵博引，幽默而生動。這就是我講課能引收學生，吸引聽眾，給人留下良好印象的原因之所在。

我在倫理學理論研究上，獨樹一幟，我堅持唯物史觀研究方法，與時俱進，革故鼎新。始終一貫地在我的著作，文章中的堅持的就是解放思想，實事求是，反對教條主義，絕對主義與獨斷主義。

我主編的第二代倫理學教科書《新倫理學教程》1993 年出版，思想觀點內容較第 1 本作了許多革新，前後 8 次重印，發行近 10 萬冊。

我的學術專著《倫理道德問題再認識》1990 年北大出版社出版，另一本《當代中國的倫理與道德》崑崙出版社 2001 年出版，曾經被一些高校作為碩士生，博士生的教學用書。2002 年我在美國華盛頓小住，在美國國會圖書館東方館，看到有我 5 本著作收藏其中。

我的著作文章為什麼會有影響？重要原因之一是北大 30 年的教學生涯，使我受到北大校風的深刻影響。

已故哲學家馮友蘭先生說過「照著講與接著講的」問題。他說：作為教授「只照著講」是不夠的。還要「接著講」。什麼是「照著講」？就是把先賢

聖哲學說的原本含義講明白，講清楚。但這不夠。

所謂「接著講」則是講出新意來，講自己的研究心得。這是做學問之道。大學教師，不能當「留聲機」，更不可「『鸚鵡學舌』，要有自己的獨立見地。

我以為，馮先生的見解很有價值。對作學問的人來說，這是指導性的意見或原則。我依據馮先生的見地，在北大作學問三十年頗有建樹。

試以《公民道德實施綱要》為例，說明我怎樣「照著講」又「接著講」的。2001 年公佈的《公眾道德實施綱要》，其中第 12 條寫道：「為人民服務作為公民道德建設的核心，是社會主義道德優越和區別於其它社會形態道德的顯著標誌。

它不僅是對共產黨員和領導幹部的要求，也是對廣大群眾的要求。每個公民不論社會分工如何，能力大小，都能夠在本職崗位，通過不同形式做到為人民服務。在新的形勢下，必須大張旗鼓地倡導為人民服務的道德，把為人民服務的思想貫穿於各種具體道德規範之中」。

這段話極為重要，是公民道德建設的綱中之綱。它的原本含義有四點。

第一、「為人民服務作為公民道德建設的核心，是社會主義道德區別和優越於其它社會形態道德的顯著標誌」這句話原本含義是為人民服務是我們的社會主義獨有的道德，不同於其它社會的道德，其實質是服務的道德。

第二、「它不僅是對共產黨員和領導幹部的要求，也是對廣大群眾的要求」。這句話的原本含義是「為人民服務」包含有黨德、政德、民德三個層次。

第三、「每個公民不論社會分工如何，能力大小，都能夠在本職崗位，通過不同形式做到為人民服務」這句話的原本含義就是每個公民都在為人民服務，意味著公民間相互服務，我為你服務，你為我服務，不過服務有不同的情況與水平。

第四、「在新的形勢下必須大張旗鼓地倡導為人民服務的道德，把為人民服務的思想貫穿於各種具體道德規範之中」。這句話的原本含義是為人民服務是我們的主體道德，它是各種具體道德規範的靈魂。

以上解讀便是「照著講」。那麼「接著講」又是什麼呢？

「接著講」就是闡釋，「為人民服務」作為社會主義道德的核心所包含有的新意義，即揭示它的深層內涵。

首先，「為人民服務」道德的三個層次是黨德、政德、民德的界定及其內容的揭示。

其次闡釋作為民德，即公民道德的內容。這裡首先要指明為人民服務已由階級道德的意蘊增添了非階級道德的內容，如今它既是階級道德又是全民道德。接下來講「為人民服務」本質上是平等互助的道德。為什麼是平等互助的道德？因為「為人民服務」是人民大眾的相互服務的道德，即「我為人人」「人人為我」。這種論斷的邏輯結論，一是人與我，我與人是權力與義務相統一的人，即。人人「是權利者，人人又是義務者」此時此地是權利者，彼時彼地就是義務者，反之亦然，權利與義務是統一的；二是目的與手段相一致。即人人是目的，人人又是手段。此時此地是目的者彼時彼地則是義務者，反之亦然。目的與手段是一致的。

總之權利與義務，目的與手段可以互相轉化，兩者的關係是相對的而不是絕對的。

三是利己與利他相結合。利己與利他是倫理學中千百年的對立兩大派別。在「為人民服務」這裡達到了對立的統一。利己兼顧利他，利他兼顧利己。不論作為權利的利己，或作為手段的利己，和權利的利他或手段的利他是對應存在的。同樣的道德作為目的利己或作為手段的利己。同作為目的利他，或作為手段的利他也是對應存在的。

總之，從理論上說，無純粹的利他。也無純粹的利己，利己中有利他，利他中又有利己。我們主張人應利己，又利他，利他又利己。

再次闡釋「為人民服務」作為社會主義道德核心即它是社會主義道德的總括詞。中國儒家道德的總括詞是「仁」，亞里斯多德時代西方道德的總括詞是「公正」。中世紀基督教道德的總括詞是「愛」。資本主義社會道德的總括詞是「個人主義」。

那麼，我們社會主義道德的總括詞是什麼呢？顯然是「為人民服務」。因為它是核心。

「為人民服務」作為社會主義道德的總括詞，包含有豐富的內容。諸如集體主義、人道、公正、誠信等都是「為人民服務」包含有的，都可以從「為人民服務」中合邏輯的引申出來。

以上所論，就是我怎樣「接著講」的內容簡要概述。

我在北大三十年受北大學風的薰陶，哲學大師們的影響，走上了一條獨

立自主的研究之路。正因爲如此受到住在「左家莊一號」的朋友們的排斥。

最後我還要說及一點，我在中國倫理學會做了二十年的副會長，眞正名副其實的資深副會長。這是事實，可有人就是不承認，這沒有什麼關係，須知，偏見比無知離眞理更遠。由於學術觀點的分歧，我在中國倫理學領導層，長期被列入「另冊」受到某些人的「擠壓打」。然而他們「錯了」。事實已經證明，並將繼續證明我是正確的。

究竟我的學術觀點，治學之路，包括我的爲人如何，不需要我自己說，我相信歷史會做出公正的結論。

2006 年 7 月

北大三十年 —— 由照著講到接著講

　　我在人大讀書、工作十五年，在那裡我受到良好的馬克思主義的教育。進北大是一次偶然的機會。文革中期毛澤東主席說：大學還是要辦的，先從北大、清華試點。招收一批「工農兵」學員，讓他們「上大學、管大學、改造大學」，簡言之「上、管、改」。可是誰來組織工農兵大學生的教學與管理工作呢？文革開始不久，毛澤東說：「北大廟小神靈大；池淺王八多」。教授、幹部不是叛徒、特務、走資派、就是反動學術權威。找不出人來管理教學。」當時有個說法叫「摻沙子」，毛主席令部隊的軍人，工廠的工人，組織宣傳隊進駐高等學校，即所謂「軍宣隊」、「工宣隊」去「摻沙子」，平息文革的派別之爭，恢復秩序並領導教育革命與教學改革。但往往力不從心。他們政治強、思想好，但業務不懂，知識不多，辦不好教育，管不好大學。怎麼辦呢？到底是毛主席有智慧，從人大抽一批出身好、政治可靠、品學兼優的年富力強的教師進北大、清華，這也是一種「摻沙子」。在軍、工宣隊領導下參加教育革命與教學改革。在這個背景下，由於我政治表現好，出身好，業務水平好，於是被選作「一粒沙子」，進入北大。外人不知當時的北大是軍事管制，系都是連。於是任命我做「哲學連」第四排長，即今日的班主體。管學員又管教師，這樣一幹就是三十年，既教學又組織管理教學。

　　進入北大是我與人大的我，判若兩人。在人大的我，思想左傾，單純，簡單，很「革命」。到了北大，這時文革已近後期，我在思考著以往走過的路，雖沒認識到左傾路線的嚴重危害，階級鬥爭為綱的危害，但深感這條路線害了許多人，是不得人心的。尤其是 1974 年重新啓用鄧小平之後，又批鄧小平。下面的阻力非常大。1976 年「四、五」運動之後，漸漸認識到「極左」

路線走到了盡頭，1978 年後思想大轉變。

我在北大三十年，可以說是平凡一生中度過的不平凡歲月。1978 年以後，我做哲學系黨的副書記六年校紀委員連選連任十二年。

哲學系當代中國著名哲學家、大師級人物，黃楠森、張岱年的所謂的「右傾」、「右派」問題就是我親手做的平反結論。著名金志廣反黨小集團的平反，落實政策、以及他與離散二十二年的女兒見面等一系列工作就是我作的。我深得哲學系師生的擁戴，校黨委的信任。有人說「魏英敏是哲學系良心的象徵」為什麼會如此？這與我的「奮鬥」與我坦誠正直的為人有關。

「四人幫」垮臺之後，北京市委統戰部副部長，曾在北大哲學系、校黨委工作過的任寧芬同志，在全市統戰幹部會上說：「誰說，在四人幫高壓政治統治下，沒人敢公開對抗他們呢？北大有一個魏基本，就是其中有代表性的人物。他敢說我是無產階級知識分子，至少基本上是無產階級知識分子。」這個魏基本是工農兵學員送我的綽號。事情原本是這樣，那時我們這些教師都是「工農兵」大學生的改造對象，我雖是「排長」也不例外。

每個教師都要在「工農兵」學員面前交待自己的歷史，為自己政治表現，作出評價。輪到我時，我說「沒什麼好說的」。「我們這些與新中國同時成長起來的知識分子不是什麼資產階級知識分子，是為社會主義服務的勞動知識分子，無產階級知識分子」。

「至於說到我，無論從哪方面說，都是無產階級知識分子，說的謙遜一點吧，基本上是無產階級知識分子。」

於是會場一片譁然。有人站起來指著我的鼻子說，「毛遠新都說他是資產階級知識分子，你反倒不是，難道你比毛遠新還革命嗎？」

我堅定地回答說：「是的。我不知道毛遠新何時入黨，我是 1955 年高中時期入的黨，我家庭成份是貧農，又經過歷次運動的考驗，真正的『左派』，共產黨培養起來的一代知識分子，我不是無產階級知識分子，那麼誰是呢？說的謙虛一點基本上是無產階級知識分子。」這樣便引起了七零級個別學員的不滿。

我接著說，「毛遠新說他自己是資產階級知識分子，這話我沒聽說過，我倒是聽人家說，毛主席對他有批評，據說有一年秋天，在北戴河游泳，毛遠新沒遊多遠，就跑到岸上，披起毛巾被，他怕冷。主席上岸休息時與毛遠新閒談說到，『你毛遠新這輩子不當右派，就是好樣的。』你們看，毛主席對他

早有定論，他說自己是資產階級知識分子，看來是有根據的。然而我卻不同，我不是毛遠新！」

這一番發言，招惹了更大的麻煩，北大哲學系 38 樓周圍牆上貼滿了批判「魏基本」的大字報，什麼「對抗毛澤東知識分子思想改造的路線」，什麼「自吹自擂」，什麼「不知天高地厚了」等等，然而我自「巍然不動」。

實在說來，我在北大頗有點名氣。這不只是政治上的勇氣，敢說真話，敢和錯誤路線鬥爭，還因為我的課講的好，我的文章，著作寫的也好。

2004 年 5 月有一天，在藍旗營 11 號樓電梯上遇見我們北大的年輕的常務副校長吳志攀教授。他說：「魏老師，你是我的老師！我是你的學生。」我說，不敢。你是法律系畢業的，怎麼會是我的學生。他說，八十年代初你在第學樓 103 教室講倫理學原理，我去聽了，至今印象深刻，你講「大公無私」，說，這不是共產黨的發明，《呂氏春秋》中就有這個思想。孔子當年盛讚祁黃羊：「所謂內舉不避親，外舉不避仇，祁黃羊之論也，可謂公矣。」這話我至今還記得。

這話不錯，我講課、發言、演講特點就是情理交融，聲情並茂，旁徵博引，幽默而生動。這就是我講課能引收學生，吸引聽眾，給人留下良好印象的原因所在。

我在倫理學理論研究上，獨樹一幟，我堅持唯物史觀研究方法，與時俱進，革故鼎新。始終一貫地在我的著作，文章中的堅持的就是解放思想，實事求是，反對教條主義，絕對主義與獨斷主義。

我主編的第二代倫理學教科書《新倫理學教程》1993 年出版，思想觀點內容較第一本作了許多革新，前後八次重印，發行近 10 萬冊。

我的學術專著《倫理道德問題再認識》1990 年北大出版社出版，另一本《當代中國的倫理與道德》崑崙出版社 2001 年出版，曾經被一些高校作為碩士生，博士生的教學用書。2002 年我在美國華盛頓小住，在美國國會東方館，看到有我的 5 本著作收藏其中。

我的著作文章為什麼會有影響？重要原因之一是北大 30 年的教學生涯，使我受到北大校風的深刻影響。

已故哲學家馮友蘭先生說過「照著講與接著講」的問題。他說，作為教授「只照著講」是不夠的。還要「接著講」。什麼事「照著講」？就是把先賢聖哲學說的原本含義講明白，講清楚。但這不夠。

所謂「接著講」則是講出新意來，講自己的研究心理，這是做學問之道。大學教師不能當「留聲機」，更不可「鸚鵡學舌」，要有自己的獨立見地。

我以為，馮先生的見解很有價值。對做學問的人來說，這是指導性的意見或原則。我依據馮先生的見地，在北大作學問三十年頗有建樹。

試以《公民道德實施綱要》為例，說明我怎樣「照著講」又「接著講」的。2001年公佈的《公眾道德實施綱要》，其中第12條寫道：「為人民服務作為公民道德建設的核心，是社會主義道德優越和區別於其它社會形態道德的顯著標誌。它不僅是對共產黨員和領導幹部的要求，也是對廣大群眾的要求。每個公民不論社會分工如何，能力大小，都能夠在本職崗位，通過不同形式做到為人民服務。在新的形勢下，必須大張旗鼓地倡導為人民服務的道德，把為人民服務的思想貫穿於各種具體道德規範之中」。

這段話極為重要，是公民道德建設的綱中之綱。它的原本含義有四點。

第一、「為人民服務作為公民道德建設的核心，是社會主義道德區別和優越於其它社會形態道德的顯著標誌」這句話原本含義為為人民服務是我們的社會主義獨有的道德，不同於其它社會的道德，其實質是服務的道德。

第二、「它不僅是對共產黨員和領導幹部的要求，也是對廣大群眾的要求」。這句話原本含義是「為人民服務」包含有黨德、政德、民德三個層次。

第三、「每個公民不論社會分工如何，能力大小，都能夠在本職崗位，通過不同形式做到為人民服務」這句話的原本含義就是每個公民都在為人民服務，意味著公民間相互服務，我為你服務，你為我服務，不過服務有不同的情況與水平。

第四、「在新的形勢下，必須大張旗鼓地倡導為人民服務的道德，把為人民服務的思想貫穿於各種具體道德規範之中」這句話的原本含義是為人民服務是我國的主體道德，它是各種具體道德規範的靈魂。

以上解讀便是「照著講」。那麼「接著講」又是什麼呢？

「接著講」，就是闡述，「為人民服務」作為社會主義道德的核心所包含的新意義，即揭示它的深層內涵。

首先，「為人民服務」道德的三個層次是黨德、政德、民德的界定及其內容的揭示。

其次闡述作為民德，即公民道德的內容。這裡首先要指明為人民服務已由階級道德的意蘊增添了非階級道德的內容，如今它既是階級道德又是全民

道德。接下來講「爲人民服務」本質上是平等互助的道德。爲什麼是平等互助的道德？因爲「爲人民服務」是人民大眾間的相互服務的道德，即「我爲人人」「人人爲我」。這種論斷的邏輯結論，一是人與我，我與人是權利與義務相統一的人，即「人人是權利者，人人又是義務者」此時此地是權利者，彼時彼地是義務者，反之亦然，權利與義務是相統一的；目的與手段相一致。即人人是目的，人人又是手段。此時此地是目的者，彼時彼地是義務者，反之亦然。目的與手段是一致的。

總之權利與義務，目的與手段可以相互轉化，兩者關係是相對的而不是絕對的。

三是利己與利他相結合。利己與利他是倫理學中千百年的對立兩大派別。在「爲人民服務」這裡達到了對立的統一。利己兼顧利他，利他兼顧利己。不論作爲權利的利己，或作爲手段的利己，和權利的利他或手段的利他是對應存在的。同樣的道德作爲目的利己或作爲手段的利己。同作爲目的利他，或作爲手段的利他也是對應存在的。

總之，從理論上說，無純粹的利他，也無純粹的利己。利己中有利他，利他中有利己。我們主張人應利己，又利他，利他又利己。

再次闡述「爲人民服務」作爲社會主義道德核心即它是社會主義道德的總括詞。中國儒家道德的總括詞是「仁」，亞里士多德時代西方道德的總括詞是「公正」。中世紀基督教道德的總括詞是「愛」。資本主義社會道德的總括詞是「個人主義」。

那麼，我們社會主義道德的總括詞是什麼呢？顯然是「爲人民服務」。因爲它是核心。

「爲人民服務」作爲社會主義道德的總括詞，包含有豐富的內容。諸如集體主義、人道、公正、誠信等都是「爲人民服務」包含有的，都可以從「爲人民服務」中的邏輯引申出來。

以上所論，就是我怎樣「接著講」的內容簡要概述。

我在北大三十年深受北大學風的薰陶和哲學大師們的影響，走上了一條獨立自主的研究之路。這是一條學者人人可行的路。

2007 年 8 月 7 日
於藍旗營

拉斯維加斯見聞錄（一）

拉斯維加斯是美國，也是世界最大最有名的賭城。

我與夫人李國秀教授於 2010 年 4 月 26 日自北京啓程到這裡探親。

26 日深夜飛機在拉斯維加斯上空盤旋。經過 13 個小時的航行，終於抵達這裡。在天上看拉斯維加斯夜景燈火輝煌，是美國最美麗的城市。

我們去了不久，正趕上拉斯維加斯賭城建城 105 週年慶典。從 5 月 13 日至 5 月 16 日有盛大遊行，牛仔競技、嘉年華會，各項比賽和焰火，熱鬧非常。

據說，早期先民赫爾多拉多在這裡開荒，爲紀念這位先行者，設有赫爾多拉多日，這個日子就成爲，後來人們的建城紀念日。

拉斯維加斯地處沙漠之中海拔 20000 米以上，人口擁有 200 萬之眾，是有名的沙漠城市，常年乾旱少雨，每年平均有 72 天的氣溫超過 100 度（攝氏 37.7 度），一般從 6 月到 9 月中旬最難熬，不過還好有空調。這裡熱是熱，但與中國武漢，長沙、重慶的濕熱好受多了。

這裡幾千年前是印第安人逐草而居的放牧草原。後來又成爲摩門教徒逃避迫害的暫時居住地。再往後成爲到加州掘金者的歇腳之處。1945 年此地人口不到一萬，但自從內華達州將賭業合法化之後，黑社會勢力蜂擁而至，將此地變成賺錢與洗錢的大本營。

有文章說，拉斯維加斯有今日之輝煌，乃黑社會作出了巨大的貢獻。他們以賭爲核心，以吃喝娛樂，色情爲重點，在這塊四面都是沙漠的貧瘠土地上，發展了一套滿足人們七情六欲的體制設施。黑社會經營賭場，黑上加黑，不道德，傷風敗俗，讓奉公守法的老百姓望而卻步。後來收到政府的干預與

打壓。漸漸退出了這裡，富有者，社會上有聲望的人接管這裡。從此面貌大為改觀。創造了別具一格的特有的消遣娛樂文化。

娛樂大亨們在這裡，開豪華酒店、賭場夜總會、酒吧與修游泳池，以及歌舞、雜耍、魔術、裸體表演等一應俱全。

妓院在這裡法律禁止，但酒店裏客房中的這件事，則是公開的秘密。這裡的花天酒地，大吃大喝，不言而喻，遍地皆是。這裡是富有者吃喝玩樂的天堂，也是平民百姓休閒娛樂的場所。他們偶然光顧一次，休閒放鬆一下，也無可厚非。

我在街上行走，看到酒店之多，目不暇接，一個接著一個，似乎一個比一個豪華，一個比一個宏偉，有法國的有日本的……到酒店裏面觀光，覺得酒店之大，之寬廣，就像廣場一般、大廳大的無法形容，裏面有藝術裝潢，如彩色玻璃嵌鑲在天花板上，似乎是真空樹木栽種在大廳的大理石上，有一個鮮花廳，盛滿鮮花，其香氣撲鼻，在這裡留戀忘返的人們多得不可勝數，賭桌，老虎機連成一片。這個酒店裏還有許多購物商店，服裝首飾、糕點店鱗次櫛比。酒店外面，有偌大的噴水池，還有數不過來的小桌子，供三三兩兩的行人小憩，邊飲可樂，冰水，咖啡，邊聊天，離開時，小桌收拾的一乾二淨。

人們著裝乾淨整潔，美豔，靚麗。這裡有來自世界各地操著各種語言的人們。

夜幕降臨，拉斯維加斯的夜景令人陶醉，這裡有世界最明亮，最集中的霓虹燈。拉斯維加斯大道兩旁不知有多少豪華豔麗的秀在上演，成百的酒吧裏所出喧嘩笑鬧的聲浪此起彼伏。

在凱撒賭場前的希臘雕像，百樂宮（Bellagio）門前的噴水舞池，巴黎賭場前的巴黎鐵塔，紐約賭場前的帝國大廈、自由女神像都是供人欣賞的藝術展現。

這裡不僅僅是有錢人享樂的天堂，也是平民百姓休閒、放鬆、娛樂的樂園。享樂主義文化充斥著拉斯維加斯全城。

追求享樂是人的本性，只不過有所節制才好。

無休止的享樂，或享樂最大化，絕對是有害無益。

拉斯維加斯見聞錄（二）

　　有一天，我看拉斯維加斯《時報》，2010 年 6 月 4 日一篇報導題曰：《經濟低迷迫使更多員工推遲退休》。文中講到一位老者——現年 72 歲的吉恩·阿爾拖貝拉，是一名鎖匠，退休一年了，去年又重新操起鎖匠的手藝，為人家修鎖。由此引申出老年人退休與重新進入勞動力市場的問題。作者寫道：無論全國各地還是內華達州，就業人口狀況正在發生變化，因為越來越多的年長工人決定暫不退休，或者重新進入勞動力行列。從 2008 年 1 月經濟衰退開始到今年 3 月份，大約有 1.9 萬 55 歲以上的居民加入了勞動力行列。不斷減少的退休金與養老金，促使越來越多的年長工人通過招聘廣告尋找工作。

　　本地各個年齡段的求職者面臨著崗位公開招聘的激烈競爭。然而公司、企業給年長一點的熟練應聘者打出了高分。他們建議其他雇主不要因為有點白髮、或者步履遲緩一點，就將應聘者拒之門外。福利茲糕點公司總經理馬科斯·弗萊德說招聘年長的熟練工人有許多益處。首先他們很講職業道德，為公司增值不少。他們把福利茲糕點公司看成是自己的家。年輕的雇員就沒有這樣的觀念。佛萊德在亨德森市內和拉斯維加斯市內兩個分部總共招聘了 10 多名 50 歲以上的雇員。

　　一位律師事務所的負責人說，沒有一些資深雇員的幫助，律師事務所就會遇到運作經營的麻煩。他說，許多雇員在他那裡工作了很長時間，其中資深雇員山姆·萊昂內爾已經 91 歲了，大多數人還趕不上他。

　　這篇報導，還列舉了年長職工的許多長處：年長雇員最可貴的品質是工作兢兢業業、擁有很強的職業道德意識。

　　據美國審計署報導，其中的優秀品德包括態度端正、較少更換工作、缺勤曠工率低、客戶服務技術高超，等等。此外，年長雇員，因工作守時、講究質量，熱心學習新技術而備受讚揚。

　　當然也有歧視年長雇員的情況。在招聘雇員時，陳腐的看法仍然存在。全國 55 歲求職者的失業率，也是所有年齡組最高的。一個人失業的時間與其年齡成正比。65 歲以上的求職者平均失業時間為 46.2 周。55 歲至 64 歲的年齡組平均失業時間為 42.1 周。相比之下，20 歲至 24 歲年輕人只須等待大約 30 周就能夠找到下一份工作。

　　1967 年頒佈的《就業年齡歧視法案》明確保護年齡在 40 歲以上者不受就業歧視。

　　以上，是我讀報時得到的信息和資料。

　　對比一下我們中國。中國無論是空姐、商店服務員、政府機關工作人員，幾乎都是清一色的年輕人。年長的職工，包括一般幹部，到年齡就退休，甚至不到年齡，也讓你、或歡迎你退休。所謂「內退」，即先拿部分工資，不辦退休手續，到退休年齡時再辦手續。這樣做明顯是對年長雇員、對老職工的歧視。

　　為什麼會出現這種狀況？據說，中國人多，年輕人找不到工作，請年長者退出崗位，是為了給年輕人留位子。這話聽起來似是而非。

　　這個問題的確是個嚴重的社會問題。解決之道，不是犧牲年長者的工作，將其讓給年輕人。而應該廣開就業門路，大力發展第三產業，鼓勵私人企業擴大經營範圍、廣招雇員。

　　我們根據國情，應該一方面，恪守退休制度，到年齡就退休，不到年齡不准強迫或變相強迫退休；另一方面，學習美國，准許退休的老職工有條件的第二次就業、應聘上崗，國家立法保護年長者就業不受歧視。

　　年長者留在工作崗位上，或退休之後有條件者再就業有什麼好處呢？

　　第一、他們有豐富的經驗，有好的技術，有好的職業道德。他們是社會長期積累的一筆財富。他們絕不是老而無用的「廢品」。他們的本事、他們的經驗往往是書本上沒有的，他們對企業的忠誠、對事業的兢兢業業，是用金錢難以買到的。美國、香港、臺灣許多有見識的企業家早已認識到了這一點。可惜中國大陸的企業家、政府領導人和企業人才管理部門，卻不懂這一點。

　　第二，年長者在崗，對他們個人、對企業、機關單位，對社會國家都是有利的。對個人來說，感到自己「老有所用」。對企業、機關單位來說，「多有所得」——多一份力量，多一份支撐。對社會、國家來說，「減負多多」——減輕國家、社會對年長者的負擔，他們「自力更生」、「自食其力」。

　　第三，有利於整個國家、社會、單位實行「老中青」三結合。三部分人精誠合作、相互學習、相互幫助、相互支持。倘若一個單位，只有清一色的年輕人，容易起「內訌」，互不服氣，從而產生「窩裏鬥」。「內耗」抵消了他們本來的長處，即朝氣與活力。假如一個單位年長職工過多，那麼，也不可避免暮氣沉沉、缺少敢想敢幹的精神。如果一個單位缺少中青年骨幹，工作很難幹得順當，攻堅任務難以完成。實行「老中青」三結合，把年輕人的銳氣、老年人的經驗、中年人的實幹擰成一股繩，就會產生巨大的能量。這就是所謂的「天時不如地利，地利不如人和。」

　　第四，「老中青」三結合，有利於企業精神、企業文化、企業道德的傳承與弘揚光大。三種人結合在一起，老中青相互學習，尤其老年人的「言傳身教」、「傳幫帶」、年輕人的所受到的耳濡目染，是一種無聲的教育，其作用比培訓班的力量大得多。三者互相學習，取長補短，和諧相處，共同前進。如此，建設和諧社會就得到了更好的落實。

　　最後，我還要說，我們社會需要改變對老職工的種種歧視。看不起他們、排斥他們、恨不得一下子把他們掃地出門，是完全錯誤的。國家亦應立法保護年長雇員，退休之後，有再就業的平等權利與機會，不得歧視他們。我相信，這一天會到來的。

2010 年 6 月 9 日
於美國拉斯維加斯

拉斯維加斯見聞一瞥

　　拉斯維加斯是美國、也是世界最大的賭城之一，位於內華達州。城區面積 340 萬平方公里，人口 159.64 萬（據 2012 年統計）。

　　拉斯維加斯名源於西班牙語，意思是肥沃的青草地。據說當年這裡有一個好大的泉。1905 年 5 月建成，至今百餘年的歷史。拉斯維加斯是世界上發展最快的城市，每年人口遞增的速度是 4%。

　　拉斯維加斯屬亞熱帶沙漠氣候，年平均攝氏 13～26 度，夏天最熱可達 50 度，乾燥少雨，是在沙漠中建立起來的現代化大城市。這裡是「人定勝天」的鮮活見證，但並不荒涼。這裡有亞熱帶樹木花草，也有北方高大的喬木和松柏樹。儘管現在是冬季，但鮮花、綠草、青翠的高矮樹叢，到處可見。蔚藍的天空中，朵朵的白雲與遠處略帶紅色的山巒交相輝映，真是風景這邊獨好。

　　當客機在夜幕降臨的時候、即將徐徐降落的當兒，俯瞰拉斯維加斯夜景，好像一把把五光十色的珍珠撒落在大地上，十分壯觀，真是光輝燦爛，目不暇接。據說拉斯維加斯是全美國夜間最亮麗的城市。

　　什麼叫「光輝燦爛」？什麼又叫「絢麗多彩」？勿需查閱詞典，到這裡一看，便一目了然。

　　這裡的自然風光是如此，那麼人文「景觀」又如何呢？

　　我從 2010 年起到 2013 年先後三次到拉斯維加斯探視、訪友、旅遊參觀，逗留時間不長，也就是 2～3 個月左右。所見所聞，每次十分有限，十分膚淺。但我依然感慨良多。不知我的故鄉，我引以為榮的首都，何時能達到這裡的水平。

　　這裡的街道乾淨、整潔，機動車路、人行道，沒有隨意扔掉的煙頭、塑料包裝或者狗糞。不僅主要街頭沒有，偏僻的路段也沒有。在北京不行。北京一些主要街道，髒亂差現象依然不同程度地存在。在人行道上擺攤設點、出售水果、鞋襪子、日用品隨處可見，隨時可見。

　　小區街道亦復如是，不僅乾淨、整潔，而且十分清淨。這裡沒有保安，小區環境舒適安全，偷竊、搶劫從來沒有聽說過。不像北京小區院中，騙子找上門來，電梯裏、銀行辦事處到處張貼防止詐騙、搶劫的警示語，干擾電話不時打進來。有的高檔小區，有保安，有院牆，汽車進出要登機。但那裡是安全的。

　　在小區附近，有不小的花園，這裡不僅綠草茵茵、綠樹成行，尤其值得稱道的是供兒童玩耍的設施應有盡有：沙坑、秋韆、滑梯等等。

　　這裡的花園管理、小區街道的管理都有專人專職負責，居民只要繳納一筆費用，即小區和花園的維修、養護的費用，一切都不必操心了。這叫「用錢買服務」吧。他們的服務堪稱一流，服務水平無可挑剔。

　　人們守法意識特強，家家戶戶門前的小片綠地，種植花草樹木必須精心照料，一旦出現「問題」，要及時補救，否則罰款單就將「降臨頭上」。

　　「他律」終於轉化為「自律」，法律的強制性行為規範，轉變成公民自覺遵守的準則。這樣社會生活井然有序，人們快樂地生活每一天。

拉斯維加斯見聞又一瞥

美國人、中國人都有家庭親情觀念。

聖誕節放假一天，人們都要盡量回家看望父母、兄弟姐妹。

中國傳統文化有「五倫」之教一說，即君臣、父子、夫婦、兄弟、朋友。這是人倫關係的五種分類。中國人、外國人大體如此。

這五種人倫關係，古今不同，中外不同。古代中國五倫關係是不平等的，這裡有上下、尊卑之分，有等級意味，有專制思想。而今不同，五倫之中，不論哪一倫都要講平等，君臣關係，現在已不存在，但上下級關係則不可否定。

五倫之中，三倫在家庭之中，即夫婦、父子、兄弟（包括姐妹）。中國古時講「三代」同堂、「五代」同堂。現代社會，如今的中國「五代」同堂沒有了，「三代」同堂亦不復存在，幾乎都是二代人，即核心家庭，父母帶有兒女生活在一起。

美國更是如此，「三代」同堂的家庭絕無僅有。美國社會居民小區，許多是老年人與中青年人分開的，專門有老年人居住的小區。這裡小區房屋的設計，小區公共設施、環境的建設，均以老年人的生理、心理特徵為依據。這種小區的房子，不出售給中年人。

這種現象是否說明美國人不注重家庭人倫關係呢？不是。

美國人，家庭關係很好，多數是夫妻和睦的。他們很注意夫妻關係的平等與相互尊重。他們對父母是感恩的、尊重的，當假日必定回家看看。他們對子女，特別當他們幼小的時候，更是疼愛有加。孩子長大成人之後就要離開家在外獨立謀生，有困難，父母不會袖手旁觀，如金融危機時期，有的年

輕人失業了，於是回到父母家中，暫時舒緩困難。

美國年輕人的獨立性、自立精神，值得我們中國人很好地學習。

中國人民有句話，值得玩味。說什麼「有山靠山，無山獨立。」「在家靠父母，出外靠朋友。」這話不無道理。但是「靠」字要不得。有靠的思想，獨立意識就要削減了。為什麼要靠呢？為什麼不奮發圖強，依靠自己的力量去奮鬥呢？

毛澤東在抗戰期間，在艱苦的根據地講過一句話：「自己動手，豐衣足食。」這句話曾鼓舞邊區的軍隊去開展大生產運動，開荒種地，紡紗織布，解決軍隊的生計問題。這句話，今日的中國人應牢記於心，變成我們的生活準則。

可惜我們的父母太善良了，太疼愛兒女了，幼小時疼愛有加，就甭提了。大學畢業後，父母還要負責幫助兒女成家立業，為找工作操心，還要為他們娶媳婦、生孩子而出力，更有甚者，為他們買房子、買汽車而奔波，甚至「重新上崗」。

有的找到工作，嫌錢掙得少不幹，回家白吃白住，沒完沒了。這叫「啃老」，不是一個人哪！君不見，近年來報刊雜誌上出現一個新名稱「啃老族」嗎？

中國的父母太可憐了，簡直就欠兒女的債，終身還不清！到了老了，還要為他們盡心盡力！

中國人，中國社會，應開展全民自力更生、發憤圖強的教育，與自立、自主、自律的教育。

請記住清代大學問家鄭板橋的名言：「淌自己的汗，吃自己的飯，自己的事情自己幹。靠天、靠地、靠祖宗，不算是好漢！」

2013 年 12 月 29 日
於美國拉斯維加斯

留在記憶中的石河子大學

九月金秋、花果飄香、晴空萬里、我又一次踏上新疆這塊兒美好的土地。此次新疆之行，是應石河子大學之邀講學三課題，這就是《以德治國與提高全民道德素質》、《公民道德實施綱要的倫理思想——黨德、政德與民德》、《效率與公平》。

我講課，本著已故著名哲學家馮友蘭教授說的，「先照著講，然後接著講」。即首先把先賢、聖哲的思想講清楚，接下來講自己的研究心得，即自己的獨到見地。

我習慣站著講課，一講就是 2 個半小時，回答問題半小時。聽眾對我評價甚好，說我治學嚴謹、語言生動、幽默，尤其中氣十足、聲情並茂、情理交融，令他們敬佩不已。這是聽眾對我這名北京大學很普通的一名教授的評論。當然這種說法，是否可信？我看還是要打點折扣爲好。我們哲學系前系主任美學家葉朗先生說得好：北大教授如果有十分的學問，眞正屬於自己的有七分就不錯了。其餘那三分是北大的光環帶來的。這話說的很對。我完全贊成。

那麼，我對石河子大學的印象怎樣呢？石河子大學是中央開發西部，重點建設的一所大學，座落在北疆最富饒的地方，這裡青山綠水、蘭天白雲，無任何污染，聯合國環境署說這裡是中國最適合人類居住地方之一。石河子大學是北京大學對口支持的學校。北大校方選派 20 名知名教授去講學。我是其中之一，感到非常榮幸。

石河子大學原爲新疆生產建設兵團辦的大學，與新中國同齡。他們爲邊疆經濟、文化、科技、教育的發展作出了重要貢獻，培養了一大批優秀人

才。不久前又把新疆農學院、醫學院等合併過來，變成一所綜合性大學。在校學生 3000 餘人，面向全國招生。有 18 個學院，10 個學科，學校設施較好，多媒體，遠程教育連線已經建成，或即將建成。校園寬廣，綠樹成蔭，草地連片，道路寬闊而筆直，環境幽美寧靜，很適合讀書、鍛鍊、修身、成才。

學校留給我印象最深的是學生愛讀書，勤思考，守紀律，有禮貌。課堂秩序良好，我講課去聽的人很多，每次課都座無虛席，鴉雀無聲。尤其是他們提出的問題很有分量，有的很尖銳，如社會主義市場經濟需要什麼樣的道德？對計劃經濟時代的道德如何評價？道德淪喪的原因何在？官員腐敗與制度有無關係？從這些提問看，學生是動腦筋的，是有水平的。

尤其給我留下深刻印象的是，學校的校長、書記們十分的謙和，沒有官架子。七位正副校長和書記，分別聽了我二次課，有的聽了三次，領導這樣虛心學習，令我感動。

學校領導工作繁忙，能抽出時間，甚至放下手邊的工作，前來聽課，實屬不易。現在的領導多半被各種各樣的大大小小的會議纏住。哪裡有功夫去聽課！須知，不去聽課，怎麼指導教學，又怎麼改進與提高教學質量？石河子大學教學、科研天天向上，跟學校高層領導深入教學第一線有關。

尤其值得一提的學校領導思路開闊，非常注意學術交流，經常邀請全國知名大學，或重點大學的教授來校講學，如西安交大、上海華東師大等，他們採取多種形式與兄弟院校合作辦學，同時開始與國外大學建立交流協作關係。這樣學校就有生氣，有朝氣，就越辦越活，越辦越好。

告別石河大學的前一天，我給學校的紀念題詞：「石河子大學與新中國同齡，歷史不久，成績斐然，潛力巨大，前程無限」。這是我的由衷之言，也是我良好的祝願。

九月六日我告別石河子大學順訪昌吉農業職業技術學院。在那裡講學兩次，因為我是他們的兼職教授。

此次新疆之行，我「公私」兼顧，除了講學之外，還到高聳入雲的天山旅行，在 3800 餘米的天山山頂上，欣賞了 1 號冰川、2 號冰川、3 號冰川。皚皚的白雪，厚厚的冰層，令人神往。汽車在崎嶇的山路上吃力地爬行著，車輪下便是懸崖峭壁，流轉的白雲和不算厚的積雪，我們真的騰雲駕霧了！翻過 4100 餘米，寒風呼嘯的老虎口由北疆進入南疆，夜宿和碩縣，縣城不

大，人口不多，可是城市很美，樓房多半二、三層，馬路寬且直，樹花草相映成趣。第 2 天我們遊覽了中國第一大內陸淡水湖——博斯騰湖，站在湖的這岸，一眼望不見對岸，據說湖水面積爲 1200 平方公里，像海一樣，波濤滾滾，拍打著岸邊，湖中的蘆葦叢，隨風飄蕩，一片連著一片，中間機動船可穿行往來。水鳥在蘭天裏自由的翱翔。人在船中坐，船在水中行。我們彷彿在畫中游。這裡是人間的仙境，令遊人留連忘返。

新疆眞是個好地方，戈壁灘一望無際，大沙漠下面埋藏著豐富的石油與天然氣，綠洲裏，高山上有肥美的牛羊和香甜無比的哈密瓜，葡萄、大棗，還盛產雪白的長纖維優質棉花。

新疆像全國許多地方一樣，改革開放以來變化顯著，城市面貌一新，高速公路暢行無阻，各族人民生活改善，和睦相處親如一家。我相信，未來的新疆建設會更加美好、更加令人嚮往。

貫徹十八大精神，把北京大學建設成世界一流大學的若干建議

北京大學在全國高校的地位與影響不言自明。

如何深入改革開放、眞正辦好北京大學，是擺在全校師生面前的重大課題。

學校高層領導可能心裏有數，不必我們「平民百姓」操心了。但作為一名在北大工作三十年（退休後工作十餘年）、現已進入耄耋之年的普通教師，仍然心繫北大，希望北大越辦越好。

爲此，特提出下列建議。

乾淨、清潔、無污染地辦好北京大學。去商業化、去行政化、去無紀律化，深化改革，轉變觀念。

一、治理、整頓辦學環境

（一）去商業化

1、北大受到商品經濟環境的污染非常嚴重，越來越不像個大學的樣子。我們須要恢復並弘揚北大特有的辦學傳統，首先是清理、整頓辦學環境。教育產業化，這個口號不論誰提出的都是錯誤的。教育是社會公益事業，不是賺錢的買賣。在西方的私立學校，一般地說，也不是以賺錢爲本，而是以培養人才爲本，儘管有的私立大學，比如哈佛，學費很高，但他們「取之於民，用之於民。」

2、北大名目繁多的研究所、研究中心、基地等等，徒具虛名，甚至校外

也有人加入，從中撈名撈利，敗壞北大聲譽，要清理整頓、取消或合併。

3、北大辦的班太多、太濫，尤其「創收」的班，據說北大有一培訓中心，招收學員培訓，收很高的學費，給有關部門一定分成之後，其餘都是他們自己的。

經濟類學院辦的高管班、經理人班等收取學費幾十萬，每周上一次約三小時的課，然後拿一張文憑了事，說明白一點，就是到北大來鍍金，至於到底學了什麼東西，天曉得。

非經濟類的文科院系，以他們的專業知識，如中國傳統文化、儒家經典、《老子》、《孫子兵法》等經典，還有什麼《鬼谷子》之類，招企業管理人員辦高級研討班，教授們根本不懂經濟，也沒有下過工廠、企業，不瞭解社會的經濟狀況、企業的生產與銷售，卻大講企業管理，這不是忽悠人嗎？不是很奇怪嗎？不奇怪。一個願打，一個願挨。你給我錢，我給你培訓或結業證書，這就叫錢證交換。

難怪人們說，賣文憑校內校外都在賣。校外賣的是真的假文憑（千真萬確的假文憑，不管怎樣仿真），校內賣的是假的真文憑（文憑含金量太低，文憑是真的，但內容是假的）。

對各種班學校有關部門應該在調查研究基礎上，加以整頓清理，保留部分，大部分應取締。

4、有一些教師，一心二用或一心多用，「腳踏兩隻船」，在校外辦公司或經營工商業，或多校兼職，在本校上課無精打采、無所用心、應付學生，或連講什麼都忘記了。有的教授，借助北大光環承接各種業務大賺其錢，有的發了。

因此，要限制校外兼職，取締工商業行為，規定教師教學工作量，必須嚴格執行。

（二）去行政化

1、北大行政黨務機關太多，應精簡合併，裁減冗員。如校機關黨委，一機關黨委，二機關黨委，後勤黨委，產業黨工委，有必要設這麼多黨委嗎？又如教務部，有三個教學辦公室，又有三個教務辦公室，還有一個教學評估室，總共七個，請問這麼多辦公室都幹什麼？教學與教務區別何在？

這麼多辦公室，人們辦事不知進哪個門。辦公室多，辦公人員就多，占房子多，消耗資源多。這是個巨大浪費。

2、見領導難，衙門作風嚴重，不事先聯繫，不經允許不能見領導。平日教師見不到領導，因為領導不進公共食堂，不去校醫院看病，不走出辦公室做工間操。學校領導，校長、書記們，應該設立群眾接待日，輪流值班，每周一位領導，一個半天即可。

3、領導飯局太多，一個中午有時要同時出席三個飯桌，要講話，要祝酒。會議太多，大小會議幾乎都要出席，要講話，或致辭，講一些空話，不痛不癢，有什麼好處？

4、形式主義太多，社會有什麼重要事，中央有什麼重要精神，都要掛橫幅，都要表態。大約二年前，吉林省一副省長到校，勺園多功能廳外面掛一橫幅，歡迎吉林省某副省長蒞臨指導。

（三）去無紀律化

1、課程設置隨便更改。如哲學系倫理學專業，馬列倫理原著選讀、馬恩倫理思想研究，因教師退休而取消。不請示，自作主張，系裏聽之任之。

教師社會兼職過多，不請示，不報告，在本系任課時間是彈性的。有的教師經常出國，常常半年以上，系裏不管，太自由了。

有很多有才幹的教師只教課，不帶研究生，系裏也默認。

2、教師是完全自由的，隨便講話，不顧社會影響。如法律系一教授竟說上訪人員99%都有精神病，造成社會大眾驚訝！

有的教師出口不遜，罵香港人引起香港大眾的不滿。

還有的化學系教授為茅臺酒塑化劑辯護，受到社會大眾同聲譴責。

諸如此類，學校領導幾乎是視而不見、聽而不聞。這樣的「言論自由」少一點為好。

3、學校共青團、學生會，還有什麼學生組織，隨便掛橫幅，令人眼花繚亂、頭昏目眩，亂哄哄一片。學校氛圍不是一個讀書的環境，很像叫賣商品的市場。

我希望校高層領導下決心治理、整頓、改革北大辦學環境。堅決革除商業化、行政化、無紀律化的狀態。恢復弘揚蔡元培時代思想自由、兼容並包的辦學傳統，以學生為本，以教學為本，以學術為本。

二、大刀闊斧深化改革

以下是我對於北京大學深化改革的具體建議：

第一，實行徹底學分制。打破學年制（如文科 4 年畢業）在四年內可以考取二個學士或碩士學位，只要夠學分就准許畢業。

第二，調整專業課與自選課比例，加大選修課比例，讓學生有充分選擇，自由發展他們的才智，培養一流人才。

第三，廣開外語選修課，力爭北大畢業生熟練掌握一門外國語。

第四，系主任、教研室主任任期四年，教師選舉產生，上報學校備案。廢除任命制。

第五，簡化教師職稱評定的條條框框。什麼國家一級刊物發多少文章，什麼有無部級或國家級研究課題等。這是束縛人才、壓制人才的辦法。但必須規定教學工作量或科研成果，經校內外同行專家審定，系學術委員會認可、聘用，四年評一次，有升有降，廢除一次性評審、終身不變的制度。

第六，恢複本科生、研究生走出校園、深入社會調查或參加社會公益活動。

第七，切實加強德育教育，恢復黨、團組織生活。

第八，在黨委領導下北大建立教育管理委員會，教授占三分之二，幹部、學生占三分之一，學校大政方針，由這個委員會決定。

第九，北大的一切財物收入公開。如基金會的收入、校辦企業的收入、私人捐助收入、創收等。

第十，把醫學部分出去，恢復北京醫學院建制。北大另設一個醫學院，教授、醫生少而精，可以與北京醫學院聯合辦學與科研。

第十一，創辦北京大學西北分校。

利用精簡下來的人員管理行政黨務、後勤工作。教師已離退休者，身體好，工作需要，可第二次就業，重新走上教學、科研崗位，服務於北京大學西北分校。

三、轉變觀念

領導應該轉換腦筋、轉變觀念，大膽作為。

首先應明確教育為政治服務是個什麼概念。從前為階級鬥爭服務，在當時的環境下是對的，而今不是這樣。今日為政治服務，這個概念有全新的含義，即為實現國家四個現代化服務，為民族、為國家培養堅持走社會主義道路的專家人才服務。

　　那種緊跟領導講話、緊跟黨和政府的中心工作，不是為政治服務，而是為政治服務的庸俗化、簡單化。穩定壓倒一切，不是辦學方針。在保持穩定的口號下掩蓋著因循守舊、無所作為，這是完全錯誤的。

　　和中央保持一致也要正確理解。是道路、方針的一致，而不是與黨、政府亦步亦趨。

　　改革有風險，改革可能犯錯誤，但不改革，恐怕更是個錯誤，而且是大錯誤。

魏英敏　敬上
2013 年 3 月 12 日

我是「魏基本」

依稀記得上個世紀八十年代的末期，大概是 1988 年或 1989 年，校外一位老同學見我，說：「你有個綽號，叫『魏基本』，是麼？」我說：「是啊！你怎麼知道的？」

他說：「北京市委統戰部部長任寧芬在市裏一次幹部會上講的，她說『四人幫』統治時期，極左思想壓得人們幾乎喘不過氣來，誰敢說自己是無產階級知識分子？北大哲學系有一個中年教師魏英敏就敢大聲說自己是無產階級知識分子。這是真的嗎？」

我說：「是真的，沒有問題。」

魏基本這個綽號是怎麼來的呢？

我在 1970 年 12 月從人大調入北大，當時任哲學連第四排排長。那時北大由中央警衛團 8341 部隊軍管，名義上負責人是部隊政委張耀祠，實際上真正負責人是副政委王連龍。

當時系不稱為系而稱連，班不稱班而稱為排。排長，就是今日所說的班主任。我們哲學連 1970 年招收第一屆工農兵學員，有 180 名之多。下設 4 個排，我是第 4 排排長。我們排有 4 個班。

我當時是雙重身份。首先是班主任，主管教學和日常的思想政治工作，管這個排的工農兵學員，又管這個排的教師。

工農兵學員上大學、管大學、改造大學，所謂「上、管、改」，其中，「管」字是管理教師、幫助教師改造思想、改造世界觀、改造教學。

我的另一重身份是教師（教工農兵學員哲學課），又得虛心接受工農兵學員的再教育，接受他們對我的思想改造、世界觀改造。

每個教師都要在班裏向工農兵學員交待自己的出身、歷史、歷次政治運動的表現，最後對自己的思想行為作一個總體的評價。

最後輪到我了。

我說：「我出身貧農，入黨較早，1955年的黨員，早年參加兒童團，解放初期，大約1948年，我讀小學五年級，就是哈爾濱特別市兒童團的副團長，管48所小學校的兒童團。當時我家住在三棵樹，那是城鄉結合部，潛藏著哈爾濱四周逃亡的地主和國民黨區的特務。我們兒童團站崗放哨，查『路條』，發現可疑的人即向政府報告。

以後在初中、高中階段我都是學生中的先進分子、骨幹。1953年糧食定量工作我被抽調到糧食工作隊，深入到居民區講解黨的統購統銷政策。以前還參加過『三反、五反』運動和抗美援朝的活動，如參加批判會，從火車站攙志願軍傷病員，給他們輸血等。

到大學參加57年反右派鬥爭，58年到農村參加公社化運動，59年反右傾運動，64年四清運動，以至到1966年文化大革命運動，表現都是好的，我是積極分子。因此，我不認為我是資產階級知識分子。相反地，我是無產階級知識分子。」

學員們聽了之後說：「這麼說你比毛遠新還先進。他都承認自己是資產階級知識分子，你反倒不是！」

我說：「對了！我的確不是資產階級知識分子，我是在共產黨領導下的新中國成長起來的知識分子，怎麼會成為資產階級知識分子呢？」

我接著說：「據我所知，有一年毛主席和毛遠新在北戴河游泳，當時已是深秋時節，毛遠新感到冷得不行，沒游多久，就上岸披上毛巾被在休息。毛主席在游了一段時間後上岸與毛遠新聊天，談家常。毛遠新可能向主席彙報自己的一些學習、生活的情況。主席說了一些勉勵他積極向上的話，有表揚，亦有批評。其中，有這樣一句話：『你毛遠新，這輩子不右派，就是好樣的！』您們看，主席對毛遠新有這樣的看法，對我有嗎？沒有。肯定的沒有。

所以我不同於毛遠新，我不是資產階級的知識分子，我是無產階級的知識分子。從我的出身，我的成長經歷，我在歷次政治運動中的表現來看，我都是名副其實的無產階級知識分子。謙虛點說，我基本上是無產階級知識分子。」

好！這下子可炸鍋了，引起一場空前的針對我的大批判，真是口誅筆伐。會後在駐地三十八樓前後的牆上貼了許許多多的大字報，聲討、批判我的「狂妄。」什麼「魏英敏對抗毛主席關於知識分子思想改造的方針」，「魏英敏不知天高地厚，竟稱自己基本上是無產階級知識分子！」等等，不一而足。「上綱上線」，不留情面。

當時我氣得不行，回到家裏，準備張貼反批判的大字報。我的妻子極力阻止，我沒有別的辦法發泄心中的怒火，於是捧起一個方凳猛地摔到我進出房屋的石頭臺階上，凳子摔得四分五裂。

從此，我在「魏大炮」之外又得到了一個綽號，這就是所謂「魏基本。」

滄海桑田，往事悠悠，這一段故事已成為歷史陳跡。平心而論，我對批判過我的工農兵學員並無怨言，因為在那個『階級鬥爭』為綱的年代裏，批判哪一個人都是正常的，沒什麼了不起。我當時的確接受不了，「想不通」，但事後不久就忘記了。我與那些工農兵學員相處得很好，事隔 40 多年，我和他們中的一些人還有聯繫。每當系慶、校慶我都在他們這個年級活動。

我說「我是無產階級知識分子」或「基本上是無產階級知識分子」，今天看來，似乎沒有什麼了不起，不過是說出了許多同輩人不想說而且也不敢說的真心話而已。

人大文化大革命中的我

　　1966 年至 1970 年，我在人民大學團委會工作，之後又到革委會政工組、組織組工作。

　　1970 年北大軍宣隊負責人到人大挑選教師到北大工作，我有幸被挑選上了。這樣我就進入嚮往已久的北京大學，直至退休，整整三十年。

　　驚心動魄的文化大革命，眞是觸及靈魂的大革命。

　　回憶文化大革命期間我在人大的所作所爲，可以問心無愧地說，我沒有做對不起「江東父老」的事。

　　那麼，我有沒有錯誤呢？有。一是批判劉鄧陶，組織大字報上街。我當時在人大一派「三紅」總部做宣傳組副組長，組織檔案系教師寫劉、鄧、陶的大字報，到城裏、主要街道去張貼。「三紅」的大字報，內容精煉，形式新穎，利用檔案形式，很有點吸引力。

　　到了北大之後，大約是 1975 年或 1976 年，又犯了一個錯誤，即批判鄧小平。鄧小平 75 年復出後，主持中央工作，提出「以三項指示爲綱」。領導讓我寫過一篇文章：《三項指示爲綱是反辯證法的折衷主義》。此文被「四人幫」利用，以「大字報彙編」的形式散發到全國。

　　事實說明，在人大這幾年，我沒有越過行爲的底線，「打砸搶抄抓」這樣的事一件也沒有干過。因此，我得到了「三紅」總部紅衛兵頭頭這樣的評價：「魏老師是我們『三紅』中的『右派』。」

　　現在看來，當時寧當右派、勿當左派還是對的。

　　我在文化大革命中可以問心無愧地說，我沒做壞事。做錯事是有的，但也不多。更多的是做了好事。那麼做了什麼好事呢？

首先是堅決反對武鬥。為此，收到紅衛兵左派的「訓斥」。

我說，大家都在人大生活，同學、老師、工人，不管熟識與否都是同志嘛，彼此有分歧，但不是仇敵，不可大動干戈。今日我們打得很「痛快」，終有一天會悔之不及。

我這話，當時沒人聽得進，只好任其所為了。

其次，我堅持了黨的政策。文革中有一條中央的規定，不可利用檔案打擊革命群眾。我們的對立面，他們有一部分政工幹部，掌控學校人事檔案，利用手中權力張貼大字報，說「三紅」裏面有國民黨三青團分子□□□。我看見了他們在檔案室查找□□□的檔案，然後寫成大字報張貼出去，說「三紅」中有國民黨三青團分子。我把此事報告「三紅」總部有關領導。於是「三紅」方面貼了一張反擊的大字報：「政治部幹部利用檔案打擊革命群眾鐵證如山。」這是我堅守黨的政策的一事例。

還有解救一班主任。我們哲學系畢業的一學生分配到中文系當輔導員，文化革命中學生揪鬥他，整體「坐飛機」（彎腰兩手向背後高高舉起），受不了。我走過他們宿舍旁，他跟我說：「魏老師救救我吧！整天撅著受不了，我愛人剛生孩子在家，無人照顧，實在困難大了。」我找到班上紅衛兵小頭頭，說了許多好話，於是他們訂了三條「約法三章」：即不得擅自離開人大，隨叫隨到，不得與他人串連。這樣，就放了他。

文革之後，一次我到人大開會，這人見到我，忽然說了一句話：「魏老師，謝謝您！」我有點莫名其妙，「您謝我什麼呢？」他說：「您忘了嗎？您文革期間，為我解困，使我少受了許多苦。」這事我的確忘記了，他這麼一說，我想起來了。

還有一件事，使我不能釋懷。大概是 80 年代中期到北醫三院做胸透視。大夫說，我胸部有兩條肋骨已經鈣化了。問我當年怎麼受的傷，我說沒有啊，從來沒有受過傷呀！大夫說不對，您再想想吧！

後來，我想起來了，可能是 1967 年被我們的對立面鍋爐工用鐵鍬擊傷的。事情的經過是這樣的。有一天早晨我從紅三樓去三紅總部大樓，路上碰見對立面一幫工人。他們說：「魏英敏，你把肖前給我們放了！」我有點莫名其妙，我說：「肖前怎麼了？」

「你還裝什麼糊塗！肖前不是你抓的嗎？」

「我根本不知道這是怎麼一回事啊！」

「別裝了，你沒抓，也是你策劃的！」

這樣，他們動起手來，你一拳，我一腳，於是我奔向身旁的煤堆，試圖抓起那裡的一把鐵鍬進行反抗，結果被工人師傅抓到，照我的頭部拍來，我一躲閃，就打到我的肋骨上，把我打倒在地上。「三紅」的學生「729 戰鬥隊」在樓上看見了，從東風三樓跑下來一幫人。對立面工人嚇跑了，他們把我扶起來，送回家。當時年輕，多少有點疼痛，也沒感到有什麼事，日久自然好了。

幾乎二十多年後才知道肋骨打斷了這回事。工人宣傳隊進校後兩派大聯合，我和打我的工人在全校師生面前握手言歡。此事就算完結了，大家團結一致向前看。1970 年我被調到北大工作。大概 73 年前後有一天，語言學院（今日中國語言大學）來了兩位同志，詢問我工人師傅＊＊＊手持鐵鍬打我的情況，並讓我寫一份材料。我問：「寫材料幹什麼？」來者說：「為清隊整黨用」。於是我明白了，我婉言拒絕。都已經過去多年了，事過境遷，不要再算賬了，我沒有寫任何材料。

我認為這樣做是對的，人總是要向前看嘛。

2014 年 7 月 31 日

我在北大當校紀委委員

大約在 1980 年，我當中共北大校紀委委員直到 1992 年動亂之後。

這幾年，我經歷了一些事情。可能是 90 年初春節前後，國務院政策研究室主任袁木、北京市委秘書長袁立本來到北大，在電教與師生見面，說明動亂的情況，要求師生珍惜穩定的局面。

會上，法律系研究生白＊＊提出若干不明了的問題。其中有一問題十分尖銳，他問道：「天安門事件（動亂）調動軍隊進京，發生了流血事件，請問這麼大的事，誰批准的？是否合法？胡耀邦、趙紫陽作爲黨和國家領導人，先後犯了錯誤，被撤職，這是誰應當負責？……一口氣提了七八個問題。袁木、袁立本在臺上很是尷尬，不知所以然。

於是袁立本說，請方才提問題的人站起來報一下姓名、單位。

於是聽眾中戰旗一大片，高呼：「袁立本你要幹什麼？」「不能站起來！」

不久市紀委下達指示到北大，要求紀律處分提問題的學生。理由是動亂剛剛平息，要注意穩定，不能再鬧。

校紀委專職書記問我參加那天的會沒有，我說沒有。他說市紀委來通知要求處分那個提問題的學生。你的意思是什麼？我說其他紀委委員什麼意思。他說多數同意處分，只一個人反對。我說，會前是否規定什麼意見可提，什麼意見不可提？他說沒有。我說既然如此，人家什麼意見都可以提嘛，即使提錯了，也沒什麼。他說：「不行！過幾天開會再說吧！」

在會上，我說，處分這名學生黨員沒道理，這是以言治罪，五八年的教訓夠深刻了。不要再重複歷史上的錯誤。

紀委書記說：「上級決定，我們只能服從。」我說：「沒那回事。他們的

決定，明顯是錯誤的，為什麼要服從？要處分，請他們來處分好了。」

「不行！」

「明知錯了，還要這麼做，沒有道理。」

「沒關係，錯了，也是上面錯了。我們跟著錯了。」

「他們糾正，我們跟著糾正嗎？」

果然處分了那位學生，勒令退學，並給黨內警告處分。沒等回到半路上，家裏要求平反的信就寄到了北大紀委。以後怎麼辦了，我就不知道了。

2014 年 10 月 10 日

參、所想所思

「伴君如伴虎」解

世事難以預測，結局往往令人詫異。

賢臣關龍逄直諫夏桀王被斬首。勳臣比干和箕子苦諫商紂王，一個被剜心臟，一個被迫伴狂。佞臣惡來緊跟紂王，還是落得可悲的下場。……忠臣伍子胥被賜死，漂屍浙江水。

「挺好」與「頂好」

當前京城年輕人有一句流行語，「不要頂好，要挺好。」為什麼？

從人的欲望而言，沒有知足的時候。所以不停地追求頂好。

然而頂好，是無止境的。你說「這個」頂好，我說「這個」頂好的上面，還有一個比它「更」頂好，比之更「頂好」的「更更」頂好還多著呢。可以說沒完沒了。

一個有限的生命去追求無限的頂好，永遠達不到目的。這樣活下去，未免太累了。

由此觀之，「適可而止」是合理的、科學的，或者說「知足常樂」是正確的。

為什麼？

我們知道「止」與「進」是對立的統一，沒有止的進，不存在，也不可能。反之亦然。就人類的社會歷史長河而論，「止」與「進」無窮無盡，然而都有一個「適當」的止或進，否則「物極必反」。「止」不是目的，「止」是為了在下一個階段，或在更高層次上的進。「進」是絕對的，「止」是相對的，然而是必要的。

同理，「知足常樂」，意思說「知足」者可以「恒久」地樂下去，不知足者，「樂」不可能長久。因為他不停追求快樂，勢必「樂」極生悲。樂走向反面，即陷入「苦境」。這也即是說，要有「度」，要「適當」。「適當」既是終點，又是起點。它是終點與起點的交匯點。以往的終點，未來的起點。新水平、新層次的起點。由此可知，「知足常樂」，不是要人們得到了「樂」，就停在這裡不動了。而是要求得一種可持續的有節制的樂。

2002 年　於拉斯維加斯

聖道同源——學習心得

跖之徒問於跖曰：「盜亦有道乎？」跖曰：「何適而無道邪？夫妄意室中之藏，聖也；入先，勇也；出後，義也；知可否，知也；分均，仁也。五者不備，而能成大盜者，天下未之有也。」

大盜「盜跖」的徒弟問盜跖：當小偷、盜匪的人有道嗎？以及盜跖的回答可作如下解釋：

這裡的問題，不是當小偷有道德沒有，而是問當小偷的人，有什麼辦法可以使偷盜成功。

盜跖的回答，聖、勇、義、智、仁，是盜竊得以成功的就先後次序而言的五種辦法。

首先是作好行動前的調查研究，知道室中有財物可偷，否則撲空。

其次，有分工，誰先進屋，誰先撤出、負責後出的同夥的安全撤退。

第三，選擇恰當的時機，不偷則罷，偷就一定要成功。

第四，偷來的財物，在同夥中分配要分均，即分得合理、公平，這樣同夥才可以繼續合作下去。

不具備這五種方法，就不能成為一個大盜者。這是一種解釋。

另外一種解釋。從道德的角度來解釋。

盜跖的徒弟問盜跖，做小偷的人有無道德？

盜跖說，做什麼事情可以沒有道德呢？做小偷的人當然也有道德的。其道德可以敘述如下：

首先是「聖」，其次是「勇」，再次是「義」，再次是「知」，最後則是「仁」。

所謂「聖」，就是知道室中主人把金銀財寶藏在何處。這需要有很高的智慧。

所謂「勇」，就是做賊必須膽大，敢於一馬當先。

所謂「義」，就是做賊的人要講「義氣」，勇於最後撤退，為同夥的安全，不顧個人安危。

所謂「智」，就是知道選擇什麼時機去偷竊最安全可靠。

所謂「仁」，就是偷來的金銀財寶，分配要「均」。這個「均」，不是「平均」，不是一樣的等分，而是依據一定的標準，恰當地分配。

不具備這五種道德，就不能成為大盜。換言之，要成為盜竊者，成為盜竊者的首領，尤其要做到這五點。

以上兩種解釋是否都能夠成立？回答是肯定的。為什麼？因為「道」這個概念的含義是多元的、複雜的。「道」本是「道路」，引申之：道理、原則、規律、方法。從「道」的本義或從它的引申義來說，以上兩種解釋都可以成立。

據此可以說：「公說公有理，婆說婆有理」，不可全盤否定。因為「公」與「婆」說的「理」，是同一理的不同意義（即同一理的不同側面）。可見判斷「公」與「婆」的「是」與「非」非常困難。

據此還可以說：同一判斷（或同一論斷）可以作道德的解釋，也可以作非道德的解釋。

「盜亦有道」可以做出道德的解釋，說它是道德判斷，也可以做出非道德的解釋，說它是非道德判斷。

道德判斷與非道德判斷的區別與界限在哪裏？

道德判斷大凡指「人」與和人有關的事情。如人的思想動機、情感欲望、行為表現及行為後果影響等。

非道德判斷，多半指「物」，或與「物」相關的事情。如物的性狀、結構、形象等。據此（「盜亦有道」），僅就道德判斷而言，我們可以領悟到：對道德原則、規範或準則的解釋，有抽象的解釋，有具體的解釋。也可以說，有一般性的解釋，有個別性的解釋。兩種解釋同時存在，相互依存，相互貫通，相互映襯，辯證統一。我們只能從觀念上、意識上，把兩者分開。事實上、實際上，是不能截然分開的。因為抽象的、一般的，總是存在於個別的、具體的之中。個別的、具體的與一般的、抽象的是相聯繫的。

　　抽象的、一般的概念，是對事物本質、規律的認識。這是人類共同認知的東西，因此是客觀的、絕對的。但人們的認識又同他們知識、經驗、欲求、願望、利益及其文化水平相關。因此，反映客觀事物的概念有客觀性、絕對性的一面，亦有主觀性、相對性的一面。

　　人們對道德現象的認知，亦應作如是觀。如前面所說大盜盜跖對「聖、勇、義、智、仁」的解釋是具體的、個別的。如他說：「聖」即妄意室中之所藏。但這個解釋也有一般意義，即「聖」有高明、高超、超出常人的知識與道德的含義。

　　「入先」爲「勇」，這個具體解釋中包含有無所畏懼的「勇」德的一般意義。「出後」爲「義」這個具體解釋中，有仗義而行的一般意義。「知」爲「可否」、擇恰當的時機行動的具體意義，包含有知識就是有智慧的一般意義。「均分」爲「仁」也，這個具體的解釋中，包含有「仁」、愛護同伴、平等對待他們的同夥的含義。可見，人的道德認知，如同科學認知一樣，有抽象的認識、具體的認識之分。一般的認識和個別的認識是混合在一起的。

　　這裡可以換一個角度觀察。就是抽象認識，可以說是形式，具體的認識可以看作內容。

　　還是讓我們以「盜亦有道」爲例說明之。

　　「盜亦有道」的形式原則爲聖、勇、義、知、仁。這五個道德範疇最一般的意義是確定不移的，但其具體意義，或者說，它具有怎樣的實際內容，可以說是正面的，也可以說是反面的。這裡就有很多的主觀的東西。這也就是說道德是個價值的科學而非事實的科學之所在。

2002 年　於拉斯維加斯

小議「否」字 —— 學習心得

　　人為什麼要謹慎做事、謹慎做學問？試以「否」字為例：

　　「否」字有兩個注音。一為 pǐ，一為 fǒu，意義不同：pǐ，壞、惡的意思；fǒu，否定的意思。

　　「否極泰來」這裡不能把「否」讀成「fǒu」，只能讀成 pǐ，否則就錯了！如果把「否極泰來」寫成「丕極泰來」就更錯了，而且「一字之差」導致荒謬。所謂「差之毫釐，謬以千里。」故不能不小心謹慎。

2002 年　於拉斯維加斯

「勇」的普遍意義與特殊意義

　　任何一種道德規範或原則，有普遍意義，也有特殊意義。今以「勇」爲例，加以說明。

　　「下水不怕惡龍，那是漁夫之勇。

　　入山不怕猛獸，那是獵人之勇。

　　直面刀光劍影，視死若歸，那是壯士之勇。

　　洞察命運無法好轉，明知時機不再回來，

　　清清醒醒地臨危不懼，這是聖人之勇。」

　　　　　——摘自流沙河著《莊子·現代版》之《孔子遇險不驚》

　　　　　中的一段話。增訂本，上海古籍出版社，1996 年 6

　　　　　月版。

　　這裡要注意：

　　漁夫之勇、獵人之勇、壯士之勇、聖人之勇，這些都是具體的勇，各有其特點。面對的對象不同、場合不同、搏鬥的方法不同，可謂勇的內容之不同。但有共同的「勇」的形式：不畏不懼、不怕死。這是道德規範形式與規範內容相統一的範例。

　　由此啓發我們：企圖建立普世主義倫理，所謂普遍適用，不分民族、國家、歷史、習俗，不過是在追求一種形式的倫理原則而已。這種形式的倫理原則，不與具體情況相結合有什麼用呢？能解決什麼問題呢？所以，普世倫理一定要與具體倫理相結合，否則中聽不中用。

　　須知眞理總是具體的，抽象的眞理是沒有意義的。絕對普遍地適用，就

是絕對普遍的不適用。

認識論的真理是如此，道德論的真理更是如此。《莊子·現代版》之《孔子拾得芻狗》一節有如下一段議論，很值得當代人思考。

「現代異於古代。古代各個階段又互異。所以遠古大酋長伏羲，以及後來的黃帝，以及再後來的堯帝舜帝，以及再再後來的夏禹王，他們推行的政策，包括禮儀和法制，因時而互異，不求同，但求治。他們的禮儀和法制好比山楂、梨子、橘子、柚子，味道絕不相同，但都可口。禮儀和法制，隨時代而革新，隨社會而調整，不可能永遠管用，不可能到處『適合』。」

莊子這番話可謂真知灼見。真是莫名其妙，古人懂的倫理哲學，今人竟不懂，怪哉！怪哉！

2002 年　於拉斯維加斯

「己所不欲，勿施於人」與
「己之所欲，要施於人」

子曰：「己所不欲，勿施於人。」（《論語・顏淵》）這是道德黃金律，中外文化，一概承認的普世倫理。

為什麼「己所不欲，勿施於人」是正確的？為什麼它是普世倫理？

它之所以正確，是因為「己所不欲」一定是對自己來說，不是好的事，或者是壞事或是自己不願看到的，更不願意得到的事，所以才「己所不欲」。

既然「己所不欲」，那麼就要「勿施於人」。因為別人與我一樣，不願意不好的事、壞事、令人不痛快的事，降臨頭上。這就是所謂「人同此心，心同此理」之故。換言之，人性使然，恰如荀子所言「趨利避害，好榮惡恥，好利惡害，是君子小人同也。」（《荀子・榮辱》）這就是它之所以正確的根據，也是它之所以成普世倫理的根據。

然而它的逆定律「己之所欲，要施於人」則是不正確的，不可實行的。為什麼？因為這裡有「強加於人」的意味，不管人家願意與否，我都要人家去做。不僅如此，這裡還有否定人的欲望的多樣性與複雜性。他人的欲望不是某個人的欲望所能代替或等同得了的。還有否定人的選擇性。人的選擇是人的自由，多種多樣的欲望，人們可以任意選擇。你要求他人跟你有同樣的欲望，不是只要選擇一種欲望嗎？這就意味著不准選擇。

可見「己之所欲，要施於人」是不正確的，不可以實行的。

種種社會亂象的背後則是底線倫理的崩潰。然而在今天的中國，道德淪喪，倫理失衡，「己所不欲，勿施於人」已不復存在。人們奉行的是「己所

不欲，要施於人」。

君不見，養豬的人不願喝有毒的酒，吃有害的糧食，可是他卻在豬飼料中加瘦肉精，去害吃豬肉的人。

釀酒的人不願吃有瘦肉精的豬肉，可是他在製酒時，卻要用工業酒精加以勾兌，去害那些喝酒的人，有的人喝這種酒，瞎了眼，有的因喝酒而致死。

這不是「己所不欲，要施於人」嗎！是的，的確如此。總之自己不願受害，卻偏要別人去受害。可是人們要問，為什麼要這麼幹呢？很簡單：為了「錢」。為了錢不要廉恥，為了錢不顧黨紀國法，為了錢不管他人的安全與死活。

難道就這樣下去嗎？不行。該怎麼辦呢？單靠道德教育恐怕不行，因為這些人拒絕道德教育。他們不是不知道，做這種傷天害理的事情，違背道德。甚至違法。

依我之見，解決問題辦法首先是罰款，重重罰款，讓其「得不償失」。其次是繩之於法，判其有罪，罰款加治罪，可能他們會有所醒悟。

2006 年 12 月 5 日

師生戀何罪之有？

記得 1972 年，北大哲學系 70 級工農兵學員中有一個女學生，留兩條長辮子，白白淨淨，身材苗條，長得俊俏。

一位尚未結婚的中年教師看上她了，企圖與她談戀愛。於是想方設法多接近她。這位女生去打水，這個老師就跟著她去打水；這位女生去商店，這個老師也跟著去商店；這個女生去郵局，老師也跟著去。總之是盯上了，這種行為，不夠正常。

可是我們工宣隊師傅看不慣，我估計師傅找這位教師談過話，但不見改變。於是在哲學系會議室召開批判會，還不止一次。至少開過兩次，兩次我都參加了。我覺得這樣做不妥，師生戀早已有之，魯迅與許廣平就是一典型事例，只要兩情相悅，不違法，就不要干涉。批判會不講什麼道理，就是批判，就是扣帽子，什麼不像個教師樣，教師追女生不成體統、違背師德呀，等等。這位教師很丟面子，從此行為更加乖僻，心情更加抑鬱。終日苦悶不得解脫，最後走上自殺之路。恐怕不完全是為戀愛遭批判造成的，還有其它的原因吧。但有一點可以肯定：這種粗暴的方式，是促使他走向自殺之路的一個因素。

也還是這位女生，引起另一位青年教師的愛戀，與她相約在未名湖畔見面。還沒等坐定，從未名湖岸邊的山上忽然飛奔下來一幫學員，不容分說，把這位青年教師痛打一頓，打得鼻青臉腫。

真是豈有此理！談戀愛純屬個人的私事，別人無權干涉。組織、同學憑什麼橫架干涉呢？荒唐！

可是在那個時代裏，干涉私人生活，多是「組織」出面幹的，或者黨政

部門的幹部幹的。那位自殺的中年教師，他的心理不健康，甚至有心理疾患，明眼人一看就知道。對這種人應多做思想工作、做心理疏導工作，而不可以加以批判、鬥爭。批判、鬥爭，把事情推向了極端。至於肉體批判，更是使不得。

寫到這裡，我自然想到西方社會的個人主義價值觀。個人主義的確有消極作用，對此我不想否定。但它的積極意義，決不可一口否定。個人主義主張自立自強、自我奮鬥，特別反對國家、權力部門對私人生活的干涉。

我們國家長期以來，對私人的生活干涉太多，常常侵犯人權，如隱私權、行動自由權。改革開放以來，情況好多了，但也還是時有發生。

2012 年 7 月 25 日

大學教授怎樣講課？
兼述我的講課體會

　　講好課、寫好文章，這是大學教師的基本功。也是教師們公認的道理。這裡僅就如何講好課問題，說一說自己的所見、所聞與親身的實踐經歷。

　　我在人民大學讀書、工作十五年。在北大當教師30年，退休後又工作近12年。

　　我在兩所大學裏聽了一些名教授的課，也曾經在外校或外地高校聽過名家的課。

　　我先後聽過艾思奇、賀麟、侯外廬、張岱年、黃楠森還有吉林大學鄒化政等先生的課。在北大也聽過哲學系同仁的課和歷史系教授的課。

　　我感到講好一門課，不容易，也可以說很難。

　　首先講課要有內容、有思想、有見解。講課不是作傳達報告，不可照本宣科，恰如馮友蘭先生所說，既要照著講又要接著講。所謂「照著講」，就是把前人的思想理論、觀點講明白，簡言之，把寫在書本上的道理講清楚。但這還不夠。還要接著講，即講教師自己的思想、觀點。

　　其次，講課要有藝術性，首先是語言表達，口齒清楚，語言生動、詼諧、幽默。用生活的語言，表達學術的道理這叫「深入淺出」。語音，語速、語調適中而和諧。

　　教師最忌諱的用「字話」講課，學生厭煩，聽不下去。除了乾巴巴的條條之外，毫無生氣可言。

　　第三，講課要借助於肢體語言的作用。

肢體語言，主要是眼神、面部表情、手勢，軀體動作。

這是師生互動的重要方式。講課的重點內容，可以通過肢體語言，加以強化，也是控制課堂氣氛的手段。維持課堂秩序的方法。可見講課不是一件簡單的事，不下功夫，不有意訓練是不成的。

同樣一門課，一份講稿，不同教師去講，效果是不同的。所以講好課很重要。不可等閒視之。

第四，教師的教學姿態很重要。

教師走進教室，自然要給學生留下第一印象。第一印象如何將直接影響教學效果。

所以教師要重視進教室的那一刻，著裝、步履，面部表情都要注意。教師不可帶帽子進教室，學生起立、歡迎教師講課，教師要還禮。教師不可坐著講，要站著講課，板書盡可能工整。這一切都不可以掉以輕心。

綜合上述，看看我們的教授們如何講課。是很有意思的。

哲學名教授艾思奇先生，講課平平淡淡。甚至可以說平鋪直敘。但他有思想、有見解。上個世紀 60 年代，講正確處理人民內部矛盾問題。他曾經說，社會主義公有制，不論全民所有抑或集體所有制，行使管理權的都是黨政幹部。他們代表全民，或集體掌管著社會財富。他們不變質還好。一旦蛻化變質，社會主義的公有制就會變成官僚資本所有制。

這話給我留下深刻印象。

史學家侯外廬先生 50 多年前給我們講課時，邊吸煙邊講課，穿一件很高級的短襯衫，上衣口袋裏裝著一個卡片，看一眼卡片就一直講下去，旁徵博引上下幾千年，縱橫幾萬里，一會講到春秋戰國時代諸子百家，一會又講到古希臘、羅馬時代蘇格拉底、柏拉圖如何，如何，我們雖然聽不太懂，但感到很有趣味覺得當一名教授，必須具有博大精深的知識。這樣學生才佩服你。才會跟您學。

上個世紀八十年代中期，大約 85 年或 86 年，我應吉林大學之邀到長春吉林大學哲學系講學，巧遇我小學時期教導主任郝振亞的先生的丈夫鄒化政教授。

鄒化政教授，專攻黑格爾哲學。那一天，他講黑格爾的倫理思想。他沒有講稿，也沒有講課綱要。手上有一張卡片，上面寫了有限的幾行字。

他講課與眾不同，閉著眼睛講，講到 45 分鐘以後，睜眼看看再往下講。

他不看學生，也不看卡片，講的卻很好，很深刻，時間掌握的很準。這是我生平第一次見到閉著眼睛講課的教授。聽課的學生異口同聲的說，鄒教授講的很好，眞有教授水平。

至於教授講課姿態或講課的方式則是各種各樣。

有人不敢擡頭，低頭看講稿，一字一句的念。有人則偏著頭，兩眼望著窗外，有的則歪頭斜眼望著天花板。總之不看聽眾就是了。這樣的教授，教學效果會怎麼樣，可想而知。

那麼我怎樣講課呢？

我講課的姿態或方式與眾不同。首先對講課的內容，必須非常熟悉，那怕講過多次，上課之前，務必從頭至尾讀一遍，看看是否需要作出適當的調整。

其次站在講臺上，面對學生或聽眾不論是怎麼樣的學生，或聽眾，他們是幹部，青年學生或工農大眾，都沉著穩重，從容不迫。

我講課的語言，比較標準的普通話，語速適中，語調高低錯落有致。常常用生動的生活語言，表達內容，不時的穿插一些典故，故事，俗語，歇後語以調節學生聽講的情緒，提振精神。效果是很好的。

我講課的時候，眼睛不時的掃視四周，看看學生聽講的狀況，以瞭解自己講的東西，學生是否接受。

我同時運用眼神，手勢，等肢體語言，強化我講的思想、理論或觀點。可以說是講演的方式講授。帶著感情去講、語言鏗鏘有力、擲地有聲，聲情並茂，技壓群芳。因此常常引學生或聽眾不約而同的熱烈的掌聲。課後學生圍著我，請簽字留念，或簽名留念。我的課的確有吸引力有鼓動性。

上個世紀八十年代初期我在北大講課，課堂座無虛席，連窗臺上、過道里都坐滿了人，眞可謂盛況空前。聽課者不只是北大哲學系的學生，其它的系也有，校外兄弟院校亦有學生到場。

哈爾濱建工學院，一位年過五旬的女教師當面說：「聽魏老師的課是一種精神享受，你的腦子裏裝滿了各式各樣的資料，活像一部電腦，隨時可以提取你所需要的東西。」

有一年，大約上個世紀 80 年代中，應邀去徐州師大講倫理學一課題，講課受到極熱烈的歡迎不說，講完之後，課堂主持人說，魏老師您的課講的眞好，講完之後，我們不好講了，我們怎麼的也講不到您的水平。

也是 80 年代初，我在天津青年宮講一課倫理學，講完之後，聯繫人天津外語學院張先生竟專門到北大，讓我把其餘的課包下來一講到底。我說不行，下面那些講課者幾乎都是我的同仁，這樣不是我奪了他們的飯碗嗎？張說，沒關係，學生強烈要求，我們只好如此。

80 年代中期，我在中央政法幹部管理學院講課，他們的院長聽了我的課，課後對他們的宣傳部長說，北大魏教授為我們樹立榜樣，以後請外校專家講學就請像魏教授這樣的人。

我在北大校內外，在京城內外講學，作學術報告，或會議發言，是有名氣的。一位倫理學的同仁，北大馬列學院教授不只一次地說魏老師的課，在中國倫理學界無人可以比肩，絕對是一流的，魏老師的口才、魏老師對問題的精闢分析，我們學也學不來。

這些評價有的顯然說過了，但無可否認的事實是我的課講的就是好。

下面是我的學生告訴我網上一篇評論我講課的文章，寫此評論的人，我根本不認識，至今也不知他是誰。附在本文後面。諸讀者們看看作參考吧。

令人遺憾的是今日教師講課多配合電腦，課件之類，等於把重點勾劃出來，讓學生記住不再講什麼，講也是寥寥數語。

學生從教師那兒學不到什麼真正有用的知識，但考試可以過關。老師，學生都不用動腦，不用思考，長此以往會是一個什麼結果？不言自明。

2012 年 4 月 22 日